氍毹轶趣

粤艺访谈录

广州粤艺发展中心 编

广州新华出版发行集团
广州出版社

图书在版编目（CIP）数据

氍毹轶趣 / 广州粤艺发展中心编. —广州：广州出版社，2016.12
（粤艺访谈录）
ISBN 978-7-5462-2511-1

Ⅰ. ①氍… Ⅱ. ①广… Ⅲ. ①粤剧—文艺工作者—访问记—中国 Ⅳ. ①K825.78

中国版本图书馆CIP数据核字（2016）第306041号

书　　名　氍毹轶趣
　　　　　Qushu Yiqu
出版发行　广州出版社
　　　　　（地址：广州市天河区天润路87号9、10楼　邮政编码：510635
　　　　　网址：www.gzcbs.com.cn）
责任编辑　康　燕　蚁燕娟
责任校对　李少芳
装帧设计　广州市友间文化传播有限公司
印刷单位　广州市快美印务有限公司
　　　　　（地址：广州市横枝岗路64号大院自编9号1~4层　邮政编码：510095）
规　　格　787 mm × 1092 mm　1/16
印　　张　13
字　　数　181千
印　　数　1—3000册
版　　次　2016年12月第1版
印　　次　2016年12月第1次
书　　号　ISBN 978-7-5462-2511-1
定　　价　38.00元

《粤艺访谈录》编务组

总顾问	黎子流		
顾　问	刘长安	陈笑风	王建勋
	陈小茶	谢彬筹	陈予之
策　划	叶建卫	何　车	苏小玲
统　筹	苏福暖	崔振强	区子珩
采访人	何　车	崔振强	李　颖
特约编辑	潘颖蕾	资秋娥	李　颖
整理编辑	梁嘉琪	陈冬琳	龙慧芬
	冯　劲	麦智文	黎健文
	邓嘉焕		

前　言

随着时间的推移，老一辈粤剧艺术家和相关的从业人员大部分已到垂暮之年，珍藏在他们记忆中与粤剧携手同行的从艺经历、跌宕多姿的人生轨迹及在艺途中邂逅的人和事，对于了解粤剧历史、追寻文化记忆、启发传承思路等方面都有着较大的意义。 因此，赶在时间的前面，以访谈录的形式把他们记忆中的点滴片段记录下来，显得尤为意义深远。

广州粤艺发展中心粤剧研究部自2014年起，采访了一批粤剧演员、编剧、导演、行政干部、音乐人、舞美及关注粤剧文化的社会贤达，并组织专人对他们所陈述的内容进行整理，结集成《岭海风流》《旧雨琼花》《氍毹轶趣》三册《粤艺访谈录》付梓出版。

《粤艺访谈录》以真实记录为宗旨，除了对少量有悖于出版原则的内容略作删减，基本把受访者的言谈内容如实反映在文字之中。通过访谈实录，回顾粤剧艺术的发展道路，观照粤剧及粤剧人在不同历史时期的生存状态，探索艺术与人生际遇和社会发展的关系。

值得一提的是，笔录者在记录访谈内容的同时，对受访者言谈中出现的粤剧行业行话、背语、专业词汇都作出详细的注解，务求让读者在阅读过程中，更好地理解每一位受访者的所感所想，真切地从他们的心路历程中，感受到粤剧人对粤剧事业的执着，体会到他们为粤剧艺术不懈奋斗的艰辛。

每一段访谈结束后，笔录者被受访者对粤剧事业的深挚情感所打动，情结于衷，发之为言，期待与读者分享这份心情。在本书编辑出版过程中，还是有一点遗憾，曾经接受采访的著名编剧秦中英和著名演员新名扬、陈小汉等前辈老师不幸离世，未能见证丛书的问世，但这更加坚定了编者的决心，继续努力、坚持不懈地推进挖掘、整理粤剧传统艺术工作的前行。

另外，特别声明：一、《粤艺访谈录》中的观点，仅代表受访者个人立场，与编辑出版单位无关。二、内文提及的个别人物及事件，由于年代久远，稽考无从，信度有待商榷。三、限于编者水平，书中难免有疏漏不足之处，还望读者海涵。

《粤艺访谈录》编务组

2016年10月

目录

"永祥基石赖金梅"——邓洪金梅访谈录 …………………… 1

"纵横自有凌云笔"——王建勋访谈录 ………………………… 28

"米寿犹喜撚冰弦"——吕广球访谈录 ………………………… 48

"为而不矜作不持"——谢彬筹访谈录 ………………………… 69

"荆棘艺途我自行"——吴宝志访谈录 ………………………… 97

"桑榆非晚唱霸腔"——陈少棠访谈录 ……………………… 130

"高凉粤韵玉梨情"——林玉梨访谈录 ……………………… 160

"自有云雷绕藤生"——陈永康访谈录 ……………………… 182

后记 ……………………………………………………………… 200

访问者简介

何车

广州粤艺发展中心粤剧研究学者，长期致力于传统粤剧艺术及广府文化的研究工作。曾担任《粤剧大辞典》“表演分编”、“舞台美术”分编主笔，并参与《广东粤剧》申报联合国教科文组织“人类口头非物质文化遗产代表作名录”撰稿、导演工作。

其著作有《戏人戏语》《戏语戏人》《此物最相思》，担任主编包括《戏脉流芳——广州粤剧团六十年剧本选》《图说粤剧》《图说粤剧故事》。

访问日期：2015年10月
访问地点：广州
受 访 者：邓洪金梅
笔录及整理：梁嘉琪

『永祥基石赖金梅』

——邓洪金梅访谈录

邓洪金梅，人称“祥嫂”，是香港已故粤剧名伶新马师曾（邓永祥）的太太。多年来，祥嫂不仅在生活上悉心照顾祥哥，还不辞劳苦地为丈夫的演艺事业保驾护航。20世纪60年代，祥嫂本着置业理念，鼓励丈夫投资并持有永祥大厦[①]等三处物业，为邓家家业奠定了坚实的基石。新马师曾逝世后，祥嫂秉承丈夫遗愿——“取之于社会，还之于社会”，一直致力于公益慈善事业。

---

① 新马师曾投资及持有的物业，位于香港湾仔摩理臣山道78号。

何　车：今天我们特别邀请新马师曾的太太邓洪金梅女士，祥嫂，请她和我们做一个采访。

多谢祥嫂，欢迎你！

祥　嫂：多谢，多谢！

何　车：首先我代表我们广州粤剧界送上一束鲜花，祝你青春永驻，像花一样美丽！

祥　嫂：这么客气啊，谢谢！

何　车：祥嫂，很多观众经常听到你的名字，也曾在银幕和舞台看到你的身影，但亲眼见到生活中的祥嫂，可能很多内地观众还是第一次。

祥　嫂：是呀。

何　车：要你奔波穗港两地，辛苦你了。我想了解一下，你是新马师曾的太太，请你先简单地介绍一下新马师曾的生平，例如他是哪里人、乡下在哪里、从什么时候开始演戏等等。

祥　嫂：好的，先饮一杯茶，哈哈。

何　车：好，呵呵。

祥　嫂：祥哥[①]是顺德水藤人。我曾经回去水藤祠堂上过香。因为日本仔打到国内，当时祥哥在勒流演完戏，他连家都不敢回，连夜叫他的好朋友，用船送他到香港，这样他就在香港居住了几十年。

何　车：我们讲香港是新马仔[②]的福地哦。

祥　嫂：可以这样说吧，俗话说“人杰地灵”啦。

何　车：他几岁开始从艺学戏呢？

祥　嫂：我以前听祥哥讲，他六七岁就离家出走了，因为他有五个妈妈。

何　车：哇！这么幸福？

祥　嫂：是有五个妈妈。我的家婆是他父亲的发妻，她只生

---

① 新马师曾原名邓永祥，故行内习惯称新马师曾为“祥哥”。

② 邓永祥乳名叫“阿仔”，师父为他起艺名“新马师曾”，故称“新马仔”。

了祥哥一个孩子。

何　车：是长子嫡孙[1]。

祥　嫂：是的，我家婆1960年就去世了，现在就安葬在跑马地坟场，她的名字叫罗莲。

何　车：都享过福吧。

祥　嫂：为什么祥哥六七岁就要离家出走呢？祥哥说他小时候就给庶母欺负，庶母也欺负他妈妈。

何　车：妾侍欺负大婆？[2]

祥　嫂：是啊，几个妾侍以多欺少，她老公日夜赌博，她自己又老给妾侍欺负，所以他妈妈就丢下祥哥，到香港跑马地成和道以打“住家工”[3]为生了。

何　车：挺辛苦的。

祥　嫂：她出粮[4]后就买点东西回去给祥哥吃。你要知道，祥哥那些庶母也生育了子女，（家婆）买一点东西给儿子食，一拿进屋，大家都过来食，祥哥就食得不多，那就有怨言了，说这是他妈买给他食的，那些庶母听了就骂他。一天（庶母的话）把他惹火了，他见到旁边有一把扫把，拿起就向其中一个庶母拍过去。

何　车：呵呵。

祥　嫂：刚一打完，他就害怕了，害怕老爸回来会打他，于是就离家出走了。

何　车：离家出走？

祥　嫂：是的，离家出走。但离开了家就只能在街头流浪。早期香港很多人在街头以卖武为生，既卖武又卖药，他就跟着那些卖武佬。那些卖武佬教他唱歌，那时他矮小，新马仔的名字就

① 互文用法，长子是第一个儿子，嫡孙是正妻所生的儿子，结合在一起就是既是正妻所生，也是家中长子。

② 旧社会通常是一夫多妻制，正妻粤语称作“大婆”，地位要比妾侍高，故“妾侍欺负大婆”非常罕见。

③ 指负责处理家务的佣人，即现在的保姆。

④ 广府俗语，指发放薪酬。

是这样来的。

何　车：那时是童星，跟细杞[①]了。

祥　嫂：刚好细杞经过，觉得他是可造之材，就把他带入戏行。所以，祥哥的“开山师父”[②]是何细杞。

何　车：这些是祥哥告诉你的，是吧？

祥　嫂：是啊。那时我们两夫妻在夜深人静之时倾偈，他告诉我的。

何　车：就是悄悄话，你现在都拿出来告诉我们了。

祥　嫂：是的。为什么我要讲呢？是想在我有生之年，讲出真实的版本。现在外面有很多谣传，不尽不实，事实并不是那么回事。

何　车：以此为准！

祥　嫂：冇错了，没有谁比我更清楚了，我跟了祥哥几十年，祥哥亲口跟我讲的。

何　车：据我所知呢，你不是第一任“祥嫂”了。

祥　嫂：我系第四任咯。

何　车：哈哈，第四任啦？

祥　嫂：但我连任了几十年了，连美国总统都冇我咁威呀。

何　车：哈哈，我知道祥哥之前都有太太的。

祥　嫂：第一任“祥嫂”叫作梅丽芳，“美丽”的“丽”；第二任就是梁添添；第三任叫赛珍珠，真名叫作陈慧云；第四任邓洪金梅就是我啦，哈哈。

何　车：就你守得最久，我去过贵府永祥苑[③]，给我印象最深的就是进去后一眼望去任何地方都有新马仔的影像。

祥　嫂：是的。

何　车：入眼就是大幅落地的结婚照，内厅有一个新马仔的

---

① 指何细杞，原名何寿年，20世纪初香港粤剧演员。

② 指第一个师父，引入行的第一人。此语指师父从最基本的动作“开山”教起，故有“开山师父”之称。

③ 现祥嫂居住的地方，位于香港元朗。

塑像，四周都是新马仔的东西。我想问问，祥哥辞世有十几年了吧？

祥　嫂：十七年了，他是1997年去世的。

何　车：你作为他太太，他已经辞世那么久了，为什么还能令你念念不忘、刻骨铭心，他身上到底有什么值得你爱他那么深？世间夫妇有些只是维系夫妻关系，有些是责任，有些是爱，他有什么值得你这样，没人强迫你安放他的照片。我想知道，他身上究竟有些什么给你留下那么深刻的印象，使你每分钟都忘不了他？

新马师曾与祥嫂结婚照

祥　嫂：你讲的我都承认，因为祥哥是我的初恋情人，是我第一个男人，祥哥在我心中很完美，他跟我做了几十年夫妻，他从没有大声跟我说过一句话。

何　车：他没有大声，就只有你大声了，哈哈。

祥　嫂：我只是为工作啫，呵呵，你不要再笑我了。这个男人是我有生之年都不可能忘怀的，他是一个穷家仔，我也是一个穷家女，他讲的话我觉得很有道理，我对他很敬重，他是我的良师，他说做人一定要上进，因为我们要生活，要有一技之长，要不断充实自己，还有就是要“取之于社会，还之于社会”。

何　车：这样是很难得的！

祥　嫂：还有，祥哥教导我：“人过留名，雁过留声。”钱财是身外物，赚得来花得去。祥哥是一个很洒脱的男人，他没什么坏习惯和坏嗜好，他是一个敬业乐业的人，但是他要旁边有人去监督他。

何 车：哈哈。

祥 嫂：他虽然人仔细细[①]，但嗓音非常清亮，越唱越好声，声音都不知道从哪里来的。

有一段时间他很喜欢京戏，几近入迷，这就是当局者迷了，继续这样就会走火入魔了。他每个礼拜都去看京戏，看完这出又看另一出，连他演粤剧时也会渗出京戏的味道，我就感觉到不对了，这样的表演我们广东粤剧观众是接受不了的。祥哥说：“是吗？”我说：“是呀！真的！”因为祥哥演戏我肯定会去监场的，我坐在台下，听听观众的反映，看祥哥出场是否落力，一旦唔落力我又要跑上去提醒他了。所以我承认我真是一个贤内助，我要兼顾很多工作的，你问曾慧[②]，她跟过我们班，一摭锣鼓做了一个多月，她知道我的工作效率很高的。

何 车：工作方面我都听到很多了，别人做不到的事情，譬如爬上棚顶拿灯，一上后台就抓住一把大关刀守住化妆间门口，谁都不准进去，祥哥就在里面装身。

祥 嫂：哦，不是不准。因为他化妆时间是谢绝探访的，全部拉上布帘，挂上牌。

何 车：集中精神嘛。

祥 嫂：你们不知道，他有时候嫌我啰唆。他化妆时任何人不准到后台的，化完装了就任由我摆弄，好了再穿服装准备出场。演出时间我也谢绝探访，我怕有些人不通气呀，不是要拉着影相，就是要签名，这样那样。但新马仔的戏一场接着一场的，那些锣鼓不停催着，所以什么事情都要谢绝的，宁愿到了煞科[③]，再欢迎戏迷们全部上来后台。

何 车：所以戏行那些行家就告诉我：“你想看新马仔演戏

① 广府俗语，此处指新马师曾身材矮小，亦可用“细细粒”来形容。

② 曾慧，著名粤剧花旦，新马师曾的徒弟。

③ 戏行术语。指一出戏结束，引申为生活中某件事情完结。

呀？你先看看祥嫂在不在。她在，那晚就一定好戏，呵呵。”

祥　嫂：我一定在的。

何　车：那他就一定不会“拏厘”[①]了。

祥　嫂：你知道嘛，我生大儿子邓兆尊的时候，那晚拍完尾戏才赶去养和医院的，当时交通不方便，赶到医院已经深夜2:45，我下不了车，因为儿子已经要出来了。医生还没到，我就被推进产房了，进去产房才打电话通知医生接产。儿子三点多钟生出来了，“伢伢仔”[②]呱呱叫。第二天上午十一点钟我就出院了，医生不给出院，问我为什么一定要出院，我不讲，他扣留邓兆尊不给我出院。我赶着去湾仔修顿球场，那晚演大戏，我要上台打点。谭兰卿上台就问我：“你生了吗？”我说：“是呀。”她说：“你嚟做乜嘢？”我说：“我要工作呀，我要打点一切呀。”她说：“你不要恃着自己年纪轻呀。”

何　车：那真要保重哦。

祥　嫂：我就是恃着后生。觉得没什么呀，生了就没什么事了，整个人好像轻了很多。

何　车：哈哈。其实在这一段创业的时期，老实说很多艰苦是不为人道的。肯定是自己才知道其中的甘苦。

祥　嫂：有多少耕耘就有多少收获。

何　车：戏班有一句话叫“学戏不成三大害”[③]。

祥　嫂：是的。

何　车：“不成”就三大害，其实“成”也是有害的。这里我又说一句不怕得罪人的话。以前不光是香港了，戏班佬学成戏也死，学不成戏也死。

祥　嫂：为什么呢？

① 出自广府俗语“拏厘弄统”，意思是轻率、乱来、靠不住，此处指演出不认真。

② 广府俗语，指刚出生不久的婴儿。

③ 戏行俗语。指年轻人在戏班学戏练精学懒、因而在生活过程中容易染上各种恶习。

何　车：学不成戏呢，就学到一些不好的东西；学成戏呢，有了两个钱，不是嫖就是赌，不是赌就是吹。都是旧戏班的陋习。所以，我看见某些很大牌的演员，到最后收尾都不是很好。为什么不好呀？没别的，要么嫖光了，要么赌光了，要么吹光了。

祥　嫂：是这样的吗？

何　车：没有祥嫂，新马师曾怎么守得住永祥大厦，这是人人皆知的，毋庸讳言。是呀，你不单是贤内助呀，还是外助呀，你不管钱谁管呀？靠他那些钱很快就花光了。

祥　嫂：做人一定要顾后，年轻时多辛苦都不要紧，一到晚年，人老体弱，首先要保障晚年的生活。

何　车：所以新马仔的晚年好咯，你不守着那份业，晚年怎会好呀，怎会有永祥大厦呀？

祥　嫂：不然晚景会很凄凉的，做人何必搞成那样呢？

何　车：但不是每个人都懂得这样想的。多少戏班佬晚年都很凄凉的。

祥　嫂：不是吧？

何　车：有些进老人院的，我认识的老倌都有好几个这样的。

祥　嫂：新马仔肯定不会这样的。

何　车：肯定啦。无论戏行内还是戏行外的人，都很敬重你这一点。如果没有你，祥哥绝对不是（现在）这样，祥哥只会演戏，会收租吗？会创业吗？会买股票吗？

祥　嫂：年轻时就演戏，年老时也唱不了多少的，到那时怎么办呢？

何　车：靠你咯。

祥　嫂：人们常说要做善事，又说他是“慈善伶王”，如果连两餐都解决不了，怎会有闲心做善事呀？这是其一。

其二，我置了物业，以置业为生，以租务为生，我慈悲为怀，但也要自给自足才行哦。我们在香港要自食其力，所以做人要未雨绸缪，真的！

何　车：但是你又内又外，挺辛苦的。

祥　嫂：不会哦，因为力去力翻，又怎会辛苦呢？

何　车：你的钱也揾得很辛苦嘛。

祥　嫂：你藏起来，我揾你都难啦，人揾钱难，钱揾钱就容易了，首先要珍惜第一桶金，不要老说“揾得来输得去”，这样输下去，你能输到什么时候呀？何必要这样呢？

何　车：你这句不仅仅对祥哥，对我们所有人，特别对现在的年轻人来说都是一种很好的启示。

祥　嫂：你记住，玩物会丧志。不要老说“揾得来输得去”，你这么辛苦赚回来，还怎么输得去呀？为什么不把用不着的钱去帮助身边那些需要用钱的朋友，为乜成日要赌要输呢？“赌”这个字犯语病哦，垃圾就要拿去“倒”，那么辛苦赚回来的真金白银拿去“倒”（粤语发音与“赌”一样）？！不是蠢成这样吧。

何　车：呵呵，“倒去”的“倒”。

祥　嫂：垃圾、脏水就拿去倒，钱不能拿去“倒”的。我揾到钱了，钱再揾钱，人揾钱真的很艰难，为什么呢？因为我们穷家仔女学识少，机会也少，钱那么难赚回来，拿去投资，买物业最好的了，做生意就不熟不做，有很多生意我们不应该去做，因

新马师曾投资并持有的永祥大厦（左）与楚留香酒楼（右）

为我们是戏行中人，除了唱戏我们就不会做其他的生意了，要重新学，学了你就能保本吗？难保连本都蚀清光，所以最好的投资就是买物业了，你不吃也要住，要“揾瓦遮头”，是吧？

何　车：所以就有永祥大厦。

祥　嫂：你不要笑我了。

何　车：什么笑你呀，我称赞你呀！

祥　嫂：哈哈。这些都是做人妻子应做的事，是分内事，是应分的。

何　车：是很难做到的。

祥　嫂：因为我要争取连任嘛。

何　车：哈哈哈。

祥　嫂：我在这里提点年轻人，现在的婚姻很脆弱的，很轻易就离婚，很轻易就分开。我认为一夫到尾是我最自豪的。

何　车：初恋情人，一竿子到底，一夫一妻到底。

祥　嫂：肯定啦。我没有想过再接受一个异性的追求，去找一个伴，因为我怕找不回这么好秉性的。

何　车：那就惨啦。

祥　嫂：哈哈哈。

何　车：家里到处都是新马仔的东西，是吧？

祥　嫂：聊胜于无啦。

何　车：那也不是。

祥　嫂：也叫自我满足吧。

何　车：很多人崇拜你的。

祥　嫂：是吗？

何　车：是呀。还有一样东西我想知道的，你现在说得容易啦，第一桶金后就钱揾钱，讲得轻巧，我也想有第一桶金呀，我也想钱揾钱呀，为什么我老是“穷到燶”[①]呢，我真的想问问你，辛辛苦苦赚回来的钱，说做善事就做善事，那你会否不舍得

① 广府俗语，意思是因贫穷生活状况堪忧，像煮焦了的东西一样。

呢？哇，一下子又一百万元出去了，祥哥是这样的哦，他做善事，想捐什么就捐什么。据我所知，改革开放后，他回内地，一会说捐希望小学，一捐就捐了五十万元，一会又说捐给哪家庙，又捐了几十万元。

祥　嫂：那是在肇庆，在祥哥晚年的时候，我和他到了肇庆，有一段时间住在七星湖附近，因为我想在他晚年给他多点开心。他喜欢那些年轻人陪伴他，就在龙母庙旁边捐建了一间中学，叫“新马师曾中学”。当时是我去奠基的，一共五层。另外又捐建了一间“五保院”，是一栋七层的电梯楼，让那些孤苦无依的老人住在那里，“五保院”的花园里还有祥哥的塑像。

何　车：我就以小人之心来度自己，如果是我的话，我会很疼惜的呀，你有没有心疼那些钱呀？

祥　嫂：不心疼。

何　车：因为“钱揾得来，花得去”？

祥　嫂：不是，因为我没什么机会花钱呀。

何　车：哈哈。

祥　嫂：第一，我不赌，也不追求名牌。

何　车：只要穿在你身上就成名牌了。

祥　嫂：我不需要名牌呀，我都受名气所困，我极讨厌名牌，不需要。我做人很洒脱的，我认为钱要用得其所，去帮助那些老弱无依、孤苦伶仃者，这样做挺好的呀，让人家有安居之所，是吧？你叫我要时间拿钱去花，我拿去哪儿花呀？最好就是捐助了，挺爽的，是吧？

何　车：那也要舍得才行呀。

祥　嫂：为什么舍不得呢？

何　车：要有一颗悲天悯人的心才行。

祥　嫂：现在做好事，我能帮到人，应该觉得很开心、很光荣才对。

何　车：这是种很好的心态，不是每个人都能做到的。

祥　嫂：祥哥教诲的，“取之于社会，还之于社会”，一个人能吃多少呀？

何　车：这句是真的，抱有这种心态的人活得特别开心。

祥　嫂：我这个人很简单，我也没有什么饮食上的讲究，但求饱肚而已。

何　车：像你这样简单都挺难哦，哈哈哈，我想学你那么简单哦。

祥　嫂：做人就应该是这样的，纵有千间房屋也只睡得半张床，何车哥，是吧？做人都是但求两餐一宿而已，吃什么都无妨，都是求饱肚。

何　车：生活上要有所寄托，是吧？

祥　嫂：我是呀，我自己现在都会去扫扫落叶呀。

何　车：扫落叶，哈哈哈。

祥　嫂：擦擦灰尘呀，都是自己一手一脚去做。作为一个太太，祥哥当年常笑我，怎么你手指比脚趾还要粗的？

何　车：哈哈哈。

祥　嫂：他说我以后戴手表、戴戒指都不好看。我说手生来就是用来干活的，脚趾不需要活动，手指肯定比脚趾要粗啦。我这样反驳他。你看我连指甲都不留的。

何　车：祥嫂，跟你倾偈我学到好多嘢。

祥　嫂：不要这样说。

何　车：真的，学会做人，学到心态。今天时间差不多，我们先倾到这里，明天我们再继续倾。

何　车：今天我要继续和祥嫂聊天。祥嫂，今天我们就愉快地回忆祥哥的威水史①。据我所知，1953年，他还没到40岁的时候，就在香港拿了“文武生王”②的头衔，哇，好犀利！接着就做了香港八和会馆的首届主席，并且连续做了五届主席。若在戏

① 广府俗语，“威水”指“了不起”“很厉害”，常用于赞赏他人。威水史就是指过去辉煌的事迹。

② 1953年，香港《娱乐之音》杂志公开投票选出粤剧界“三王一状元”，新马师曾是文武生行当中的王者，故称他为“文武生王”。

行没有威望，怎做八和主席呀？另外还被选为八和会长。在这个过程里，祥哥肯定对香港的粤剧发展有很大贡献。我希望祥嫂跟我们分享这个过程中，祥哥对香港粤剧具体做了什么贡献？

香港八和会馆成立时第一届理事就职典礼留影

祥　嫂：祥哥始终带动和鼓励粤剧行多些演出，希望我们粤剧界的演员多演出，多出人才。

何　车：据我所知，祥哥在八和会馆做主席的时候很关心那些老人家的。香港社会的人要靠自己揾的。祥哥利用八和会馆的威望和自己的威望关心那些年纪大的、孤寡的人，并做了很多善事。

祥　嫂：祥哥是香港八和会馆的创办会长。是当年祥哥在华文政务司那里极力争取，才能成立这个会馆的。这个会馆可以养活我们很多老艺人和提携一大批年轻的生力军、接班人。

何　车：就是培养一些新人。

祥　嫂：是的。

何　车：祥哥是很喜欢提携后辈的。现在祥嫂你也是呀，带后生[①]出来，我知道你很维护他们的。

祥　嫂：因为我始终都喜欢粤剧，我十七岁就跟了祥哥，十九岁开始同居，一直不停地参加祥哥的演出、演唱，甚至拍电影、拍戏，所以我对粤剧是有认识的。

何　车：你既然对粤剧有认识，那我们可以谈一点这方面的内容。可能很多观众都不知道，祥哥也演过京剧，曾和京剧艺术大师袁世海[②]合作演出《华容道》，也演过《四郎探母》。

祥　嫂：和李丽华[③]合作演出。

何　车：是的，李丽华可能大家都不熟悉，她是20世纪40年代的大明星。还有和台湾的徐露[④]演《斩经堂》，我看过他那些照片了，祥哥是挂须演出的。听说他连潮州戏也演过。

祥　嫂：和萧南英[⑤]演潮州戏，这个花旦也是很大名气的。他还演过一套戏是唱潮州歌的。

何　车：我就想向你打听，你整天在祥哥身边，他是怎么学潮州戏，怎么学京剧的，这个过程是怎样的？

祥　嫂：京剧是祥哥本人的爱好。他在京剧界有很多亦师亦友的朋友，包括马连良[⑥]先生、演关戏的林树森[⑦]先生，林树森先生当年在京剧行当里是“生关公”。祥哥十七岁那一年就已经成名了，但他毅然去北京学京剧的发声方法，如气功、背躬、丹田力[⑧]等。

何　车：就是学那种发声方法。

---

① 指年轻一辈。

② 袁世海（1916—2002），著名京剧大师。

③ 李丽华，中国著名电影明星。

④ 徐露，台湾京剧演员。

⑤ 萧南英，著名潮剧花旦。

⑥ 马连良（1901—1966），著名京剧演员，“四大须生”之一。

⑦ 林树森（1897—1947），京剧老生演员。

⑧ 京剧演员传统发声方法。

祥　嫂：对啊。还有学北派的打脱手[①]。

何　车：我觉得祥哥在这方面真的很努力。

祥　嫂：祥哥知道要通过多方面学习来充实自己，使自己增值，因为他知道自己的短处。祥哥身材比较矮小，他要补自己的不足，就要多方面学习，他要学用丹田力、学背躬力，这样才耐唱啊，所以他越唱越有声。背功达是脑后功，脑又怎么可以发力呢？他却可以练到颅后功的。祥哥这个人是很好学的，这方面真的很值得赞赏。

何　车：如果不好他怎么能演这些戏呢？还有，我记得他曾与邓寄尘[②]一起饰演两个“傻佬”，就叫作“孖傻系列”。

祥　嫂：哦，当年我陪着他去片场拍戏。扮演小市民，祥哥是一绝。他能够入戏，能够反映出小市民的心声，这方面是他所长，与邓寄尘拍档，他自己都觉得很理想，相得益彰，两人都表演得很好。

何　车：那时候无论观众，还是电影界专业人士，甚至我们“上面”[③]偷偷看这些电影的都赞好嘢。都说他们是“两个傻”。

祥　嫂：他很入戏的，演什么像什么。

何　车：祥嫂，我想不到你会帮祥哥化妆。名气这么大的老倌，怎么不会化妆呢？祥哥“揸厘”是出名的，他是打响锣鼓才装身的，一个【五捶锣鼓】[④]或一个【首板】[⑤]，他就可以完成化妆了。因为他讲：“我有武艺子[⑥]啊！”

① 武打组合，京剧称“打出手”，几个演员相互配合，用脚踢、手抛等方式传递刀、枪把子的表演技巧。

② 邓寄尘（1912—1991），播音艺员出身，后拍摄多部谐趣喜剧，获得“谐剧大王”之美誉。

③ 指中国内地。由于内地在地理位置上处于香港之北，所以称“上面”。

④ 粤剧常用锣鼓点。

⑤ 梆子板式，又称【士工首板】，属于粤剧音乐基本板式。

⑥ 戏班行话，泛指表演技艺。

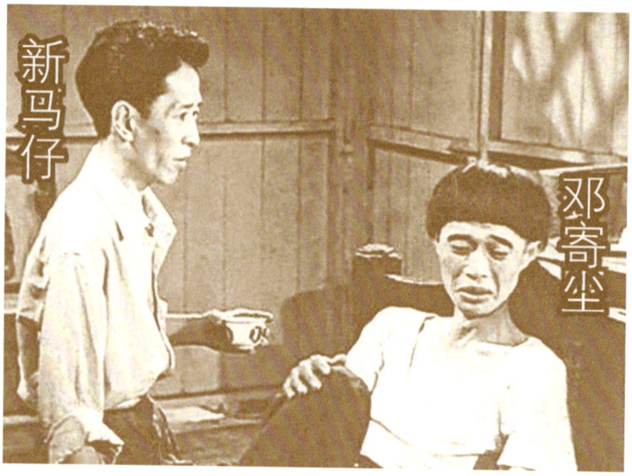

新马师曾与邓寄尘主演的“孖傻系列”

祥　嫂：我经常在夜静无人的时候提点祥哥，我说你不可以恃才傲物，装身、戏服和衣着等等，这是对观众的礼貌。祥哥说：“他们只是来看我表演，听我唱而已，又不是来看我扮相的。”我为了这件事情经常跟他闹矛盾。所以，后来就叫他坐定就可以了，我自己一手一脚给他化妆。

何　车：你亲自给他化妆，厉害啊！

祥　嫂：因为要对观众有所交代，这也是我自己的要求。

何　车：好厉害哦，我看过你给他开“关公面”[1]喔。

祥　嫂：是啊。

何　车：开面你都会？

祥　嫂：是。开关公面要用朱砂和花红粉混合在一起。

何　车：现在的人就用油彩。

祥　嫂：对，现在油彩开的面不好，不够“生（动）”啊。祥哥规定要用花红粉和朱砂。

何　车：这些就是我们粤剧传统的东西。

祥　嫂：没错。

① 指在演员面部描画专门演关公戏的粤剧面谱样式。

何　车：这些传统的东西自然有它好的地方。

祥　嫂：好的一定要保留。

何　车：当然，现在用油彩开面的速度就快一些。

祥　嫂：慢工出靓活啊。不是什么都要快的。

何　车：我又想问，以前戏班有个传统，演关公三天不准近女色，要沐浴更衣，还有很多禁忌。你作为一个女性，也是祥哥的太太，帮祥哥开"关公面"，背后是否有人对你有非议呢？

祥　嫂：有啊。

何　车：戏班佬很迷信的。

祥　嫂：当时和祥哥同台演出的有一位叫波叔的演员，称呼我阿嫂的，他提醒我："今晚演'关戏'，你要避忌哦，你要'执生'哦。"我说："点执生呢，波叔？"他说："你少点靠近阿祥兄啦，今晚要演'关戏'，你保得住这一百多位兄弟才好哦。"哇，听到之后我好害怕哦，该怎么办呢？我就进去问清楚祥哥，他已坐定准备要我为他化妆，我说："今晚我要离你远一点。"他说："点解呀？"我说刚才波叔是这样说的。他说："他是'鬼赖口'[①]的，喂，我系我，今晚系我演，波叔那么多意见，你叫他过来同我讲吧。我是不信邪的，我百无禁忌。"

何　车：最重要是对观众负责，人家是买票进来看你的。

祥　嫂：没错。

何　车：说到这里，我就想起有一次香港无线电视台采访祥哥，主持人问："祥哥，现在粤剧很多人讲改革、讲创新你怎样看？"现在我也经常引用祥哥回答的话，他说："我不是不会创新，我一早就已经改革了，我演《白蛇传》的时候就已经在舞台上落雨了。"

祥　嫂：就是用真水真雨。

何　车：他说："我演《万恶淫为首》，也是落水'照头淋'[②]

① 指好像鬼上身一样，经常胡言乱语。

② 这里指水直接从头上淋洒。

的。我不是不会创新，但我不创新，我现在要秉承粤剧的传统。”你知道现在内地就比较力主创新。那你怎么看粤剧创新和传承这个问题呢？究竟要怎样做才好呢？

祥　嫂：你是指我本人的看法？

何　车：你一直跟着祥哥嘛，祥哥前期曾经尝试改革，后期这些就放一边了，他不需要这些了，他需要的是武艺子。

祥　嫂：话虽如此，但是创新一定要的，其一，要跟着社会进步，因为现在面对的是年轻一代的新观众；其二，不可以墨守成规，应改就要改，不该改的就要保留，如果什么都改，改得太厉害，马不像马，驴不像驴。

何　车：非驴非马。

祥　嫂：是啊。真正的艺术要保留，这是我们中国传统艺术，是具有地方性的，你同意吗？

何　车：肯定同意啦，我也是祥哥的Fans嘛。

祥　嫂：是吗？真要谢谢你啦。

何　车：是真的啊。

祥　嫂：哈哈哈哈。

何　车：昨天阿彭[①]对我讲过他是什么时候学《鸿雁传书》的，其实我比他还早哦，当时是冒着危险偷听电台的。为什么说偷听呢？因为如果被人知道我听“反动”电台[②]，还学唱那些东西，那是很危险的。

新马师曾演《万恶淫为首》剧照

祥　嫂：哦，以前是这样的。

何　车：最初这里不能演《万恶淫为首》，要把名字改成

① 指新马师曾徒弟，粤剧演员彭炽权。

② 当时境外电台大都被称为“反动”电台。

《盲仔断肠歌》，戏名一改，审查的人不知道这个是什么戏，他们说："不是《万恶淫为首》，那就演吧。"实际上就是那个戏。

祥　嫂：冇错啦，我和祥哥都知道有这回事。

何　车：是吧。那时我们这里有些演出，某位刚刚上位的文武生在舞台上唱新马腔，结果，他唱完就回来写检查咯。那时就是说你"好学唔学"，那么多不学，去学新马腔。我前段时间才问这人："为什么你那时候那么大胆，居然敢唱新马腔？"他说："我管他什么腔呢，好听嘛。"

祥　嫂：我们其实都有所顾虑。但到了后期，祥哥晚年的时候，我经常带祥哥上来（内地）参加很多活动。

何　车：那时是改革开放时期，已经是好很多了。

祥　嫂：那时我带祥哥到处去，但是没有公开活动。

何　车：我认为，凡是一个"扎"[①]的成功人士，背后一定有人支持才行。我看到你给我的照片，祥哥那件海青[②]上有猫、狗、马、松鼠的图案，把家里的宠物都绣在戏服上了。

祥　嫂：是的，是祥哥自己绘图的。

何　车：祥哥绘图！还是祥哥拿去苏州、上海亲自找人来绣的。

祥　嫂：那是一针一线绣出来的，用英文说就是Hand-made[③]啊！

何　车：哈哈，难得啊，我们都没有见过这样的一件海青。

祥　嫂：祥哥穿起来很潇洒、很轩昂的。

何　车：你做的这件海青叫什么名字呢？

祥　嫂：叫"起脚"，现在戏班的兄弟姐妹穿的海青，很多是"四人抬轿"[④]。

---

① 戏班背语，意思是艺人提升了职位或受到观众欢迎。

② 戏服，是粤剧舞台生脚穿着的便服。

③ 英语词组，意思是手工制作。

④ 指穿在身上的海青不合身，演员需要用手拉起裤脚，裤的长度像"四人抬轿"不平衡。

何　车：平脚。

祥　嫂：叫作“齐脚”，你看祥哥一出台，海青下面起脚的，走出来潇洒轩昂，很好看。

何　车：我们在照片上看过了，两边弯弯的。

祥　嫂：起脚斜上去的。

何　车：刚才祥嫂都说了，祥哥先天不足，相对矮一点点。

祥　嫂：算不算“五短”[①]身材呀？哈哈哈。

何　车：那不算“五短”，连“四短”都不能算啊，不要说“五短”了。

祥　嫂：是吗？哈哈哈。

何　车：穿这样的戏服，一出台就让观众看到，利用服装去修饰人的身材。

祥　嫂：是啦。

何　车：就好像现在女士的时装，为什么要收腰呀？就是要修饰自己的身材，我们传统粤剧的服装，都可以像时装那样修饰身材的。

订制这种款式的衣服是祥哥的主意还是你的主意呀？

祥　嫂：这些是祥哥的爱好，因为他要与别人不同，他不喜欢千篇一律，他自己绘图，画一只波斯猫在松鼠上，一会儿画鼠，一会儿又画一只很精神的大公鸡。

何　车：哈哈，为什么祥嫂笑呢？

祥　嫂：因为我属鸡的，哈哈。

何　车：祥嫂，跟你聊天我觉得很开心，我知道祥哥是不轻易收徒弟的，祥哥正式收的徒弟有多少个呢？

祥　嫂：祥哥正式收的徒弟，我想有六七个吧。

何　车：这么多呀？彭炽权、曾慧……

祥　嫂：麦嘉。以前还有一个梁广雄[②]。

---

① “五短”指两手臂、两腿和颈部都短。

② 梁广雄（生卒年不详），粤剧演员，新马师曾的徒弟。

何　车：哦，我知道了，阿卿[①]的大佬。

祥　嫂：另外还有一个陈剑声[②]，还有一个伍艳红[③]。

何　车：哦，已经有六个了，你能否评价一下祥哥的那些徒弟呢？从艺术上或从做人方面讲都行，请你评价一下那些徒弟学到祥哥几成功夫呢？

祥　嫂：为什么我坚持让他收徒弟呢？因为很多年前，我和祥哥一直都有商讨这个问题，祥哥说："我是不想收徒弟的，第一，现在的年轻人物质欲念重；第二，学到我的艺术了，又怕他学得不好，也会影响我。"

何　车：最怕这样。

祥　嫂：祥哥说"棹忌"[④]。

何　车：戏行有句话："边个师父教你架？"[⑤]哈哈。

祥　嫂：哈哈。但我认为既然外面那么多人学习你所擅长的……

何　车：很多人唱新马腔。

祥　嫂：是的，那为什么不正式收徒呢？都算是闻名闻声，后继有人，更希望以后他们能够自爱自立，青出于蓝，这是我的寄望。

何　车：好……难啦！愿望是这样，青出于蓝而胜于蓝，但难啊！

祥　嫂：希望他们叻[⑥]过祥哥，威水过祥哥啦。

何　车：好难的。

---

① 指粤剧演员梁淑卿。

② 陈剑声（1949—2013），香港著名粤剧演员，是一位出色的女文武生。

③ 伍艳红（生卒年不详），香港曲艺唱家。

④ 原是疍家语，意思是船家的忌讳，现在泛指忌讳。当遇到不吉利事情的时候就可以讲"棹忌"。

⑤ 粤剧行内，师父负责管教和约束徒弟，如果徒弟犯错，首先追责师父，故问一句："边个师父教你架！"其实是对艺人的一种严厉批评。

⑥ 广府俗语，指有能力，有本事。

祥　嫂：事在人为嘛。

何　车：要天时、地利、人和，你听麦嘉讲，“祥哥是神呀！”呵呵。

祥　嫂：哪有那么多神呀，你要记住，千万别长他人志气，灭自己威风。祥哥这么厉害，他也是学回来的，不是他妈妈生他出来就懂唱戏的，你同意吧？所以学到的东西能使自己终身受用。我在这里提醒大家，世界一切都是日新月异，对物质不能追求太多，不用太看重，爱好艺术，尤其是爱好粤剧的，多些钻研，勤奋一点，多些学习，一定有益的。这两三年，我不需要服侍祥哥，比较空闲，会学习唱功，哈哈。

何　车：哈哈，听说你最近还唱《双飞燕》喔。

祥　嫂：那是上星期我帮好朋友黄夏蕙[①]撑场的，她在香港新光戏院搞了一场演出。我就坐在大堂第一排，我见她好像唱得很吃力，毕竟八十多岁了，我就很义气站起来给她和声，很受观众欢迎。现在要与观众打成一片才行。

何　车：何车去就打不成一片的，你去就行咯，没人跟我打成一片的。

祥　嫂：你都没试过，怎么可以说不行呢？

何　车：你的“朵”[②]大嘛。

祥　嫂：不是这样的，是有诚意，不能还没唱就说不行，你这是推托之词，我不同意。

何　车：呵呵，说起要你演唱，我有一个不情之请，就是今年是祥哥100周年诞辰，东华三院肯定要举行纪念活动，祥哥在世唱“乞食”（出自《万恶淫为首》），祥嫂，你就唱半首啦。

祥　嫂：“乞食”？又唱“乞食”？

何　车：肯定啦，连番鬼佬[③]都喜欢他唱“乞食”呢。

---

① 黄夏蕙（生卒年不详），香港电影演员。

② 戏班背语，指人的名号及在行内的地位。

③ 广府俗语，泛指外国人。

祥　嫂：再唱？！会不会显得很啰唆呀？

何　车：唔会，你叫阿彭唱就没咁威呀，你唱就威呢。

祥　嫂：我又不想威。

何　车：你是传人嘛。

祥　嫂：那我就带住一班后生，大家一人唱一段，好不好？

何　车：那你不是要盖过别人吗？！

祥　嫂：我要帮扶那些后生哦。

何　车：你学祥哥肯定系最似的。

祥　嫂：是吗？

何　车：肯定是啦，你们朝夕相对，他唱什么旋律你都知道啦，你都说了，他转过身来，你就知道他准备做乜嘢了。

祥　嫂：我只是平时留心而已。

何　车：呵呵，那你也要学到才行。真的，唱两句听听吧。

祥　嫂：哈哈，先喝一杯吧。

何　车：好。祥嫂就答应我们有机会就带着祥哥的徒弟一起唱粤曲给大家欣赏，我们一定要鼓掌欢迎。在采访祥嫂的过程中，我有一个很深刻的体会，我觉得人生肯定有起、有落、有坎坷、有坦途、有上升、有曲折。祥嫂的心态很好，好在能够笑看眼前的风云。其实我认识你的日子尚浅。

祥　嫂：哈哈哈。

何　车：但感受到了。

祥　嫂：这就是缘分。

何　车：是的，大家都是属鸡嘛。[1]

祥　嫂：饮一杯啦，哈哈哈。

何　车：“不以物喜，不以己悲。”就是说对于各种客观因素，物质也好、风言风语也好，都不受其影响，最重要是自己的心态要好。

祥　嫂：是的，我知道我们只是凡人，凡夫俗子不管遇到什

① 何车与祥嫂是同龄人，出生那年是鸡年，故此大家的生肖都是鸡。

么情况，都要面对和承担，增长自己的才智，只要面对和承担，什么事都能迎刃而解的，几十年来都是如此。

何　车：你说的我很认同，这种好的心态、对生活的态度不容易修炼到，我就不行，绝对还没有修炼到这种境界。所以真要向你学习。

祥　嫂：互相学习。

何　车：我不说你的年龄了，你看上去就只有五十多岁。和你聊了那么久，祥嫂从内到外，不要说艳光四射，但人品、待人接物等各方面都能挥洒自如，我十分敬佩，我觉得人在一个强大的光环下生活，其实很难的。因为有个新马师曾那么光辉灿烂的形象在这里。

祥　嫂：他也是人啫，只是一个一般人。

何　车：你就觉得他是一般人，你听他的徒弟形容他：一个说他是“神”，一个说他“无人能及”，一个说他是“终身永远唯一的偶像”。[①]

祥　嫂：是吗？

何　车：是啊！

祥　嫂：那过奖了。

何　车：老实说，从艺术层面说，我们真的很佩服祥哥，做人也是一样，他能这样对待社会，去做善事，我自己就没能做到这一点。我听说你有两个愿望，其中一个是出自传。

祥　嫂：是的。因为二十多年前祥哥有一个好朋友帮我们出过自传——《我的前半生》，你们可以查得到的。那今天我祥嫂要出的呢……

何　车：《我的后半生》，是吧？

祥　嫂：《我的一生》。

何　车：哦，一生那么长。

① 新马师曾徒弟对他的评价，麦嘉形容他是“神”，彭炽权说他“无人能及”，曾慧视他为“终身永远唯一的偶像”。

祥　嫂：《我的一生》是这样写的，今天我是为自己而活。我坦白跟大家讲，我不是何车哥哥讲的那么年轻的。我是一个高龄人士，七十多岁了，哈哈。

何　车：哈哈，绝对不是。

祥　嫂：哈哈，我这个人真没有秘密的，包括年龄。我可以讲我的大半生，我是一个穷家女，我爸爸没本事，我为了兄弟姐妹、父母能有一个好的环境，希望他们不要太贫困，我的前半生就是为他们。好啦，到下半生跟随了祥哥，我就为我的……

何　车：夫君。

祥　嫂：这是我的分内事，我做人妻子，一定要兴家旺业，我做到了，我真的很满足，自己觉得很自豪。

何　车：我很赞赏你，我希望你尽快找支好笔，写好《我的一生》。

祥　嫂：但是我读书少哦。

何　车：哎，不会有问题的。

祥　嫂：我没有文学修养，不要说不够，是没有，哈哈。

何　车：行的，你行的，你说话都能够滔滔不绝。

祥　嫂：现在很多朋友都在文字上、文体上帮我弥补不足。还有，我要立遗嘱。

何　车：我希望你不要那么早做这件事啦，迟一些，过十几二十年才做这件事。

祥　嫂：不！祥哥教导我，做人要“取之于社会，还之于社会”。我生不带来，死不带去。

何　车：豁达！我很赞同这一点。

祥　嫂：其实我跟随了祥哥几十年，我以能做“祥嫂”为荣，我今天能够跟你坐在一起谈论祥哥，在我心中、在我思想里，祥哥的精神一直伴我左右。我在香港开车时，肯定播放他的录音带听，祥哥的歌声总与我同行。

何　车：要透露一点秘密，我去香港吃饭，刚上车，我问：“祥嫂，是你开车呀？”祥嫂说：“不是我开车吗？几十年都是我开车的。”一下子就转方向盘了，哇，真是好厉害啊。

祥　嫂：这是老公教的，他说：“你要比她们厉害，做人最威水的是能人所不能，不要有一般小女人的陋习。”我学到了。呵呵。

何　车：你系得嘅！

祥　嫂：其实乜嘢都系学翻嚟嘅，做人最重要的是好学。

何　车：非常期盼看祥嫂的《我的一生》，但希望十几二十年以后才看到你另一部分的愿望。

祥　嫂：我要出（书）了，这两年我已经陆陆续续开始录音，开始准备工作了，因为我怕再过几年，又老了，记忆不如现在了，会不断衰退的。

何　车：不会。

祥　嫂：我先预防嘛，哈哈哈。

何　车：真的很开心，和祥嫂聊了两天，我学了很多东西。谢谢你。

祥　嫂：不客气，我们互相学习。

访谈感悟

“唉，冷得我腾腾震呀……”以前一听见这一句，就知道是慈善伶王“新马仔”在为香港东华三院做慈善筹款，新马师曾这一曲《万恶淫为首》红遍了海内外。新马师曾的名字在粤剧界无人不晓，而这个成功的男人背后有一个怎样的女人呢？

在“祥哥”新马师曾身边总会有祥嫂邓洪金梅的身影，小至化妆、开车，大至投资、置业等方方面面，祥嫂都亲力亲为，把祥哥的事业、生活等都打理得井井有条，可谓实至名归的贤内助。祥哥做事大刀阔斧、不拘小节，而祥嫂细心周密、考虑周全，他们在一起可谓相得益彰。在采访中，祥嫂一字一句都流露出对祥哥的崇拜、敬仰，关于祥哥的每一件事、每一样物品都如数家珍。而祥哥在为人处世方面也引领着祥嫂，祥哥教导祥嫂做人要“取之于社会，还之于社会”，因此，祥哥生前一直热心公益，这种慈善之心、正义之举在祥嫂身上得以延续。正如祥嫂说的：“我跟随了祥哥几十年，我以能做‘祥嫂’为荣……在我心中、在我思想里，祥哥的精神一直伴我左右……祥哥的歌声与我同行。”

祥哥夫妇之间就是这样“你中有我，我中有你”。在我的眼里，祥哥和祥嫂就是名副其实的“合晒合尺”！

梁嘉琪

访问日期：2015年2月5日

访问地点：广州粤剧大院

受　访　者：王建勋

笔录及整理：李　颖

『纵横自有凌云笔』

——王建勋访谈录

王建勋，笔名建峰。广东东莞人，毕业于广东国民大学。广州解放前后，曾参加《升官图》《夜上海》《小二黑结婚》等进步话剧演出。他多才多艺，除了攻习国画，还利用业余时间从事粤剧、话剧、电视剧剧目创作，屡屡获奖，粤剧《出航之前》《智擒十虎》（合作）获广东剧本优秀创作奖，话剧《一代画师》《小明星》获省二等奖。

王建勋历任广州群众艺术馆第一副馆长、广州市文联主席等职务。1990年带头组织首届羊城国际粤剧节，这次活动社会反响热烈，对粤剧艺术传播、交流有着深远的影响。退休后仍致力于传统艺术的搜集、发掘、整理和研究工作，组织成立粤剧粤曲学会，为粤剧粤曲的传承和发展继续发光发热。

何　车：王老师，今天非常感谢你抽空接受我们的采访，首先我想知道你是如何与戏剧结缘的？

王建勋：我自小喜欢画画，喜欢戏剧，艺心不息。我从报纸上面看到，岭南画派第二代大师赵少昂从湛江回来。他开办的岭南艺苑招生，我就去报名。那时，我刚从大学毕业，在《前锋报》做排字的工作，工资很微薄。几近于“有食无薪”。但我非常喜欢美术，所以决定去岭南艺苑，拜他（赵少昂）为师。见面的时候，我先对他说明情况：“我很穷。不一定能按时交学费，可能有时会赊账。”幸好我的老师很慷慨大方，他说：“不要紧，只要你肯学画，我不收你学费也行。”然后，赵少昂就让我拜他为师。自此，我就成为了赵少昂在广州岭南艺苑的最后一个关门弟子。当时是1946年。这就是我学画的开端。

1993年王建勋（左一）赴香港与恩师赵少昂及师母合影

我跟赵少昂老师学画以后，去了一所小学当美术老师。在小学任教期间，认识了一些倾向革命、倾向社会主义的进步人士。他们组织了一个联艺话剧团，大家自己出钱排戏。排演的第一个戏是阿英写的《夜上海》，反映的是上海资产阶级的腐朽生活，暴露资产阶级的腐朽思想及其内部人员尔虞我诈的情况。这个戏是在长堤基督教青年会演出的。我从此就踏入了戏剧之门。所以说，我是通过排演话剧入行的，接着就排演了陈白尘的《升官图》。

何　车：当时你是做演员的，你是演忠角，还是演奸角？

王建勋：我都是做闲角，“出就出先，死就死先，企就企两边”[1]那些角色。我印象最深的是，我对写戏很感兴趣，对表演的兴趣反而不大，这就是我入戏行的历史。新中国成立以后，我们原来的剧团解散了，在河南区政府组织下，搞了个新的话剧团，排演了赵树理的《小二黑结婚》。

后来我又从小学转入到文化系统工作，这里又有一段故事。新中国成立后，我在海幢一中心小学做教师。当时广东省正在筹备华南土特产物资交流会（简称“土特产交流会”），在文化公园举行，需要调全市二百多个美工过去参加装饰工作。我就这样去了“土特产交流会”做美工。这二百多人当中有很多有名的画家，有赵崇正、潘鹤[2]等。我和赵崇正在一个组，从他身上学到了很多艺术方面的东西。

搞完“土特产交流会”以后，承蒙朋友介绍，我被调到了文化局。当时，“土特产交流会”结束以后就是“三反”“五反”运动[3]，组织把我调到了“三反”“五反”宣传部搞宣传工作。宣传部每个区组织了一个工人宣传队，主要是通过粤剧粤曲宣传“三反”“五反”运动。从此，我就从话剧领域进入粤剧领域。后来，我在永汉区工人宣传队做队长。“三反”“五反”运动以后，我就调到了文化局工作。初时，我在文化局社文科搞文

---

① 戏行行话，特指戏班中“手下”、堂旦等群角演员，戏开演时他们先行出场，分站舞台两侧，所以用“出就出先，企就企两边”来形容，需要开打时，战败一方的“手下”先“死”，所以又有“死就死先”的说法。这里泛指群角。

② 赵崇正（1910—1968），著名中国画画家；潘鹤，中国著名雕塑家、书画家。

③ 指1951年底至1952年10月在党政机关工作人员中开展的“反贪污、反浪费、反官僚主义”，在私营工商业者中开展的“反行贿、反偷税漏税、反盗骗国家财产、反偷工减料、反盗窃国家经济情报”的斗争运动，统称“三反”“五反”运动。

化馆的工作，后来就去了群众艺术馆做副馆长。我在群众艺术馆抓的重点工作和在文化局时一样，以戏剧为主。其实，所谓的以戏剧为主，就是以粤剧为主。当时的粤剧搞得非常好。我举两个例子，20世纪50年代初期，在政府的组织下民办的有六大剧团：新世界、永光明、珠江、南方、东方红、太阳升，演出了大批好戏，有《马福龙卖箭》《柳毅传书》。特别是《柳毅传书》，成为20世纪50年代到现在最长寿的剧目。这也是罗家宝创造粤剧流派“虾腔”的一个剧目。1953年，国营广州粤剧团成立以后，我初步统计过，仅仅是四年零八个月，就创作了长短剧五十四个。好多好戏都是那个时候出来的，如《宝莲灯》《红楼二尤》《梁天来》《劈陵救母》等。

我在群众艺术馆重点抓业余粤剧工作。当时，业余粤剧搞得非常兴旺，全广州差不多有一百多个粤剧社团。专业或业余的粤剧演出都非常兴旺，特别是1958年，是广州甚至广东粤剧的黄金时代。我举个例子，当时广州专营粤剧的剧场，有人民、海珠、平安、乐善、太平、光明六大剧场。兼营粤剧的，有联合，“三宫六院”[①]。

何　车：包含芳村工人文化宫。

王建勋：一共十五家剧场。当时演粤剧还不止夜场，还有日场，一天有日夜两场。那时我渐渐对粤剧产生了兴趣。我在文化局办公的时候，对面有个“戏改会”[②]的办公室，黄宁婴[③]每天会来上班。他桌面上摆了很多送审的剧本，包括陈冠卿、何建青[④]等很多专业作者的剧本。有一天，我去翻看那些剧本，黄宁婴就问我：“你有兴趣吗？你有兴趣的话，就帮我看看这些剧本，提些初步意见，指出存在哪些问题。”我说：“我怎敢审查剧本？”他说：

① “三宫”指广州市一宫、市二宫、市三宫；“六院”指文化公园、芳村工人文化宫、铁路工人文化宫、员村工人文化宫、青年文化宫、黄埔区工人文化宫。

② 指当时的“戏曲改革委员会”。

③ 黄宁婴（1915—1979），时任广州市戏曲改革委员会副主任。

④ 何建青（1927—2010），广州粤剧团编剧，曾被错划为“右派”。

"你有兴趣就可以了。"后来我在看剧本的过程中，学到了很多东西。虽然我提不出什么意见，但我学习粤剧就是从那时开始的。

后来，因为工作关系，我被调到粤剧团，代林奕①当党支部书记，当时林奕的眼睛要做手术。从那时起，我又在粤剧团工作了两三年。后来，陈仲达②又把我调到戏剧工作室。从此，我对粤剧创作更加感兴趣。十多年里面，我学写粤曲粤剧，最初写得很幼稚。我第一次写粤曲，专业人士指出，短短两页纸有七个地方不通，很粗糙。于是我勤学苦练，真下了功夫，在工作的同时，又写了一批作品，大约有五十多个，包括话剧、粤剧、电视剧、粤曲、广播剧。自己比较满意的，在粤曲方面有三首。第一首是抗美援朝的时候写的，由卢启光③演唱的《志愿军热爱儿童》。第二首是《二婆追车》，由曲艺团廖华演唱，他是廖侠怀的孙子，比较活泼，运用廖侠怀④的唱腔来唱的。第三首由李丹红⑤演唱，叫《骆老贵入新居》，说的是水上居民搬到陆上居住的情景，这首是南音。这三首曲到"文化大革命"以后，也就是20世纪80年代还经常在电台点播，风靡三十年。我觉得还是受到观众欢迎的。在戏的方面，我对三个戏比较满意。第一个就是《满堂红》，和陈光合作的。

何　车：讲饮食业的那个剧本。

王建勋：陈光是从饮食业调过来参加专业粤剧创作的。他最初在艺术馆，后来调到粤剧团。他对饮食业体会很深。这个剧本是写来歌颂"大跃进"⑥时期饮食业的服务态度。现在回头看，

---

① 林奕（生卒年不详），曾任广州粤剧团总团党支部书记。

② 陈仲达（生卒年不详），曾任广州市文化局副局长。

③ 卢启光（1923—2005），广州粤剧团著名小武演员，原名卢锦培。

④ 廖侠怀（1903—1952），20世纪三四十年代著名粤剧丑生，粤剧五大流派中"廖派"创始人。

⑤ 李丹红，广东音乐曲艺团大喉、平喉唱家。

⑥ 20世纪50年代末全党提出"三面红旗"，包括"社会主义建设总路线""人民公社""大跃进"，"大跃进"主要口号是"十年内超过英国，十五年内赶上美国"，即所谓的"超英赶美"。

不免有些浮夸，但我最欣赏的，不是戏本身，而是导演。这个戏由老叔父靓少佳导演。靓少佳为现代戏立下很多汗马功劳。他当时对我说他要做这个戏的义务导演。

这个戏本身很一般，很多豪言壮语、很浮夸。但靓少佳用了“套排场”的方法来排这个戏。例如戏中经理分派任务，靓少佳套用了“点将”排场，结果整个戏生色不少。曲是死的，他把排场运用进去，整个戏都有了生气，我最欣赏的就是这些。

第二个戏是《智擒十虎》。当时我是下了功夫写这个戏的。我和吴建邦、陈光三个人合作搞的。为了创作这个戏，我们在卫国尧[①]的家乡——沥滘，生活了很长一段时间。我想通过这个戏发挥南派粤剧的特色。戏中有很多武打场面，特别是主人公反抗的场面，我立意要发挥南派的“手桥”技艺。这个戏，无论是舞美设计、唱腔，还是故事构思，回头再看，都没多少大问题，当然小问题也还是有的，总体来说比较严密。南佗[②]设计第一幕的开幕，从一开始大船向沥滘码头停靠，观众就轰动了。舞美设计得非常巧妙，使用的材料很少，一张布、后面一个背景、一些平台，但场面很宏伟。这个戏在各方面，都做了一些尝试。我最欣赏的是，融合了一些南派艺术在里面。但当时，林奕对这个戏的看法和我不一致。第一，他可能嫌我的“朵”不够大，是业余作者。第二，他对我写的那些曲和“桥”[③]很不满意，几乎都要求我重写。我就觉得没这个必要。后来这个戏在东塱戏院演了一两场，都满座，非常受观众欢迎。可惜，这个戏后来无疾而终。领导说你们听听导演的意见，把这个戏修改以后再重新上演吧，但后来并没有再上演。这个戏就这样寿终正寝了。

第三个比较满意的戏是2007年首演的《小明星》。这个戏和陈光、梁威合作搞了十八年。最初是广播电台约稿的，后来换了

① 卫国尧（1913—1944），广州番禺人，抗战时期珠江纵队二支队一大队大队长。

② 南佗（1916—1996），广州粤剧团著名舞美设计师。

③ 戏班术语，指戏剧中的情节，有“桥段”之意。

原广州粤剧团编写剧本的作家合影（右起吴建邦、王建勋、曾石龙、秦中英、何杰章、谢锡光）

领导，新领导不承认“上手红契”[①]，这个戏就只能被冻结了。后来梁玉嵘[②]看中这个戏，要求我把它从广播剧改成舞台剧。我和陈光又合作把戏改成舞台剧，但梁玉嵘因为工作太忙，没时间排练，叫我们另请高明。辗转多时，最后还是我自己下决心自费把它出版了，花了四万元。出版以后，我打算拿一些去书店卖。谁知，现在的书店不卖剧本。现在卖书像是论斤称似的。我去新华书店，说我有本剧作集想在这里寄卖。他们说也不是不可以，让我先拿几本过来试试吧。他们的意思是只卖畅销书。后来，我把书印出来分发给港澳的老友。那天看到梁汉威[③]来广州，我就把一本书送给他。一年以后，梁汉威忽然打电话给我：“你是不是王建勋？我很喜欢你这个戏。你要多少钱（出让版权）？”我觉得非常愕然，我说：“我这个戏，你喜欢的话，我就不收钱。你喜欢演就行了，我送给你。”

---

① “红契”指旧时社会依法纳税后政府填发的一张契纸；“上手红契”就是以前填发的契纸，这里指上届领导已经批准项目实施。

② 梁玉嵘，广东音乐曲艺团著名曲艺唱家。

③ 梁汉威（1944—2011），香港粤剧演员。

这个戏本来准备向香港康文署[①]申请经费的。但向康文署申请经费，需要花费很多时间。黄明看到就说："不要等了。我投资吧！需要多少钱？"最初是三十万元，后来一直追加到五十万元，由梁汉威、尹飞燕他们搞。最后2007年在香港大会堂演出。演出的情况也很"墟冚"[②]，不到三个小时票就卖完了。第二晚连从来不开放的（香港大会堂）三楼都开放了。这个戏观众很受落[③]。第二晚有个有钱人、热心人，提议把《小明星》和蔡衍棻[④]写的《孝庄皇后》移回来广州演出两场，出资二十万元。当然这边卖票的收益归剧团所有。梁汉威很热心，专门从香港回来（广州）到蓓蕾剧场查看，觉得场地适合。这个戏有个地方需要放电影纪录片，讲述日本侵华时期广州沦陷的一个场景，场面比较大，所以要花一定的钱。看过场地，核算出二十万元可以"搞掂"，但结果这边不支持。我到现在也弄不明白是什么原因。

经历了这些戏，老实说，我对粤剧有点灰心。我搞了那么多的戏，我未得过政府半句奖励的话，没得过粤剧团一分钱。

何　车：你也是政府的人啊！你是文联主席[⑤]！

王建勋：我哪里是政府的人。我写剧本的时候就不是政府的人了，我只是一个作者。最后我得出八个字的结论：虽有热情，但无剧运。

何　车：应了一句话："千里马常有，而伯乐不常有。"你讲那么多，我有很深刻的体会，过去的社会氛围，可以用一句俗话"专收叻仔"[⑥]来概括。香港不同，我有个好戏，自然有人

① 指香港康乐及文化事务署。

② 广府俗语，指人山人海，人声鼎沸的热闹场面。

③ 广府俗语，泛指对他人所做的事情乐意接受或某件事情的发展符合自己的要求。

④ 蔡衍棻，粤剧编剧。

⑤ 王建勋曾任广州市文联主席。

⑥ "叻仔"在广府俗语中指有成就的年轻人，"专收叻仔"是"木秀于林，风必摧之"的意思，即社会经常对崭露头角的年轻人进行打击。

揾，我能借它赚到钱。我们这边不是。你有好戏，你叻还不行的，经常有各方面制约。

你刚才说的，我深有同感。你说的几个戏在广州没做过也没排过。我是粤剧团的人，我能算出在粤剧团排过多少戏，用十个手指都可以数完了。我在“下四府”①周围就不一样，我排了过百个戏。和你说的是同一回事。没办法，我们只能适应这个环境。

你那几个戏，我基本上都看过。我看过《智擒十虎》的剧本，也看过演出，还记得当时“文革”刚刚结束。《小明星》我也看过录像，我没去香港看，听说票还挺贵的。他们（演剧方）有没有给你稿费？

王建勋：没有稿费。这个戏我自己还补贴了五万元。这个戏，王明出了五十万元，演了两场赚了三十万元。三十万元全还给他，算下来他真正自己出的钱，大概是二十五万元吧。我这几万块是怎么一回事呢？我请广州这边的人去看戏，招呼他们食住，还要买票。在香港是一定要买票看戏的，买迟了，就没有票了。如果前面有个乞丐买了个好位置，跟在后面买票的总督想要乞丐那个好位置，也是不行的。商业社会就是这样。

何　车：你当时请人过去看戏，有没有人怀疑你是挪用文联的公款去请人看戏啊？

王建勋：没有。在香港演出，编剧、演员、音乐工作人员都要一起谢幕。这点广州同行应该向香港同行学习。广州这边不会这样安排，我们只认识老倌。这样安排，可以体现出对艺术的尊崇。香港人对艺术很尊崇，场场戏都有人鼓掌。看到这个戏的演出状况，我真是非常感动，我不收稿费也没有意见。

何　车：香港搞艺术要面对社会、面对市场。上层人士要看艺术，观众要看戏。我们这里不一样，我们面对的是那些不买票的。不管你买不买票，你说好就行了。最近，有位艺术家在《羊城晚报》上面说：“我们粤剧为什么冲不出去？因为我们的表

① 明清时期广东省分为“上六府”和“下四府”，“下四府”为高州府、雷州府、廉州府、琼州府（今海南省）。现多指粤西地区。

演，不适合人家看。为什么西洋歌剧全世界都在看？”“粤剧是不是全世界都可以看？”我觉得这个人应该拉去枪毙，这些人只认识“丰乳肥臀”[①]。你要全世界看，就全部用英语唱粤剧啊！不要“申遗”[②]了，全部唱英文就行了。这些人不学无术，还要大放厥词，一味讲“创新”“改革”，这些经验教训还少吗？所以你刚才和我们谈的内容，非常“啱嘴型”[③]。能体现出你在粤剧创作过程的艰辛。他们说得很对，粤剧编剧是“难能而不可贵”[④]。

王建勋：杨子静[⑤]说的这句确实很对。

何　车：再有，就是“靠害”。你想害他吗？你教他儿子写戏就行了！[⑥]现在有个高中生和我聊天，说他们有个课题：他们以后选择什么职业。她说她想做粤剧编剧。我说你长大以后，可能已经没有粤剧编剧这个行业了，还哪里需要粤剧编剧？用个说普通话的写好了“请给我的情，请给我的爱”，卜灿荣[⑦]就马上写“22125　22121”。还有，现在广州市能够从政府那拿钱排的戏，都是外省人写的，还哪里需要粤剧编剧？

做粤剧编剧这行，一是难，李伟[⑧]说：“全中国的戏最难写的就是粤剧。”因为要懂得很多曲牌，而且是“九声”[⑨]的。二

---

① 西方人普遍体格丰满，故用“丰乳肥臀”来形容西洋歌剧演员。

② 2009年9月30日，经联合国教科文组织保护非物质文化遗产政府间委员会第四届常会决定，由中国政府推荐，粤、港、澳三地联合申报的中国粤剧正式列入第四批《人类口头和非物质文化遗产代表作名录》。故此处称粤剧“申遗”。

③ 广府俗语，指合得来、投契的意思。

④ 指当粤剧编剧不容易，此为“难能”；但粤剧编剧可能一辈子都无名无利，此为“不可贵”。

⑤ 杨子静（1913—2006），广东粤剧院著名粤剧编剧。

⑥ 粤剧编剧不是一份好职业，所以教别人儿子写戏就像报复他一样。

⑦ 卜灿荣，广州粤剧团演奏员，音乐唱腔设计。

⑧ 李伟，肇庆市剧协主席，首任肇庆市文联主席。

⑨ 指粤语的声韵“九声”，包括阴平、阴入、阴上、阴去、中入、阳平、阳上、阳去、阳入。

是危险，每次“运动”[①]都是拿编剧开刀的。

王建勋：“反右”运动时，演员薛觉明[②]就被划成右派[③]。

何　车：还有朱少秋[④]。

王建勋：演员就薛觉明和朱少秋两个。编剧大半都是右派。

何　车：冯志芬[⑤]、何建青……数起来一大堆。不过，那些都过去了，我们希望将来会更好。如今有些人连广州话都不会说，去写粤剧怎么会写得好？

王建勋：关于“羊城国际粤剧节”的事。那不是我一个人的功劳，还要归功于三个人——“癫三”[⑥]、梁威、陈仕元。当时为什么会想起搞“羊城国际粤剧节”呢？最初并没有这个想法。大约是1987年还是1988年，我去香港参加“三栋屋”粤剧博物馆的活动。那时我才知道，除了广东、香港，全世界有华人的地方就有粤剧。粤剧不单是国内的剧种，还是国际性的剧种，其影响也是国际性的。广东的华侨最多，据我初步了解，全世界大概有三千个华人业余粤剧社团。20世纪50年代以后，粤剧在美国、新加坡、马来西亚等地基本没有专业的剧团，主要由业余剧团担纲。每年从国内邀请一两个专业团体过去演出。

我回来以后，和何建青、梁威、陈仕元，好像还有李门[⑦]相聚。大家谈起时不约而同觉得要搞点粤剧的交流活动。最初，何建青提出搞个类似足球“省港杯”的粤剧活动，一年在这边搞，一年在那边搞，哪个地方赢，就可以获得下一届的主办权。后来，我们提出，不如搞个港澳和海外的粤剧交流活动。大家都很赞成。

---

① 指新中国成立后历次政治运动。

② 薛觉明（生卒年不详），粤剧演员，名伶薛觉先的弟弟。

③ 指1957年“反右”运动中被错划成阶级敌人的知识分子和爱国民主人士。

④ 朱少秋（1910—1981），广州粤剧团主要演员。

⑤ 冯志芬（？—1962），著名粤剧编剧。

⑥ 指粤剧编剧何建青，他排行第三，行内称三哥，他却自称“癫三”。

⑦ 李门（1914—2000），戏剧家。历任华南人民文学艺术学院教授、广东省文化局副局长、广东省戏曲改革委员会副主任、广东省剧协主席等职务。

1992年新加坡敦煌剧坊主办之“粤剧展览”，王建勋被特聘为首席顾问，与广州粤剧团编剧何建青（右）合影

“羊城国际粤剧节”这个名字是大家一齐起的。当时政府也很支持，很同意搞这个活动。当时个别省领导提出三个问题。第一，他们认为搞粤剧活动仅限于专业团体，其他业余的不应该参加。我说：“我不认同这个观点，现在海外，据我所知没有一个专业剧团。好多业余剧团喜欢参加粤剧活动，你欢迎他们吗？”第二，不主张搞太大规模，主张搞七日，这一个星期叫海内外粤剧演出周。我觉得我们发动他们自费回来，还要限制时间，很不合理。为了这两个问题，争论了一段时间。第三，有关节目问题，有些领导担心某些剧目是污蔑我们农民革命的，比如《帝女花》。我说这个是历史剧，不是现在创作的。据后来了解，这戏在清代就已经有了，是清代文人王夒清创作的。后来唐涤生根据这个本子重写。里面可能只有一句台词比较有问题，领导认为要删除，我说不可以删。删了这句台词，会失去很多社团。人家外面的社团也是通过这些活动来考验内地观众现在对剧目的看法。如果这个剧目有问题，海外的社团就会怀疑内地禁戏，就会拒绝回来。最后我说服了他们。

后来活动公开登记，全世界有四十二个社团参加。广州要开放六个剧场供他们连演半个月。何建青搞的“古今粤剧博览”就更厉害了，展出了八天，观众十八万人，打破文化公园最高纪录。从那次活动起，我就深深体会到，广州真的要搞好粤剧。粤剧不单在国内有影响力，在国际也有影响力。如果要向海外宣传内地改革的成就、新中国成立后的成就，粤剧是最好的媒介。

“羊城国际粤剧节”是集体智慧的结晶，不是我一个人的功劳。

首届羊城国际粤剧节开幕式上200多位粤剧演员演出的《六国大封相》

何　车：是你牵头的。你是当年的文联主席，你不牵头，谁敢做。成立办公室也要有个地方才行啊。除了粤剧节，还有“古剧古腔”这类型演出，人家不做我们在做。

王建勋：谈到传统粤剧，我觉得我们做的工作不够。我认为不搞好粤剧传统工作、资料工作，就不可能搞好改革。没有传统的基础，就没办法改革。我举个例子，唐涤生的《帝女花》很厉害，现在差不多是“国际歌”[1]了。里面的“庵遇”“香夭”其实就是由“妆台秋思”“秋江哭别”两支大曲支撑。这两首曲是由王粤生发掘的。唐涤生用自己的才华，给这两首曲填上了比较好的曲词。戏的精华就在这两首传统古曲上，所以说这个传统多有用啊！现在搞的现代剧，全部靠自己凭空创作，不可能搞得

① 这里指被广泛传唱，受众耳熟能详的曲段。

好的。所有长寿剧目[①]，能演得下来的，都是在传统的基础上进行创作的，包括《情僧偷到潇湘馆》。我翻过以前的古曲，发现秦中英写的很多词句，都是在以前古曲的基础上改头换面的。包括《白金龙》，虽然是西装戏，但基本都是旧的写法，是分场式的，不是分幕式的。粤剧的特点是分场不分幕的。"花园相骂"一场更加明显，就是旧时古老戏"花园相会"的变种。就是《白金龙》那样的时装戏也脱不了传统的基础，所以我觉得所有有名的戏、长寿的戏，基本上都是改编的。粤剧创作很困难，要经过很长时间才能定型。我们搞了很多现代戏，有哪个是立得住的？只有《山乡风云》一个。《山乡风云》是我发现的，不是粤剧院发现的。最初这个戏叫作《桃园堡》。

何　车：《桃园堡》是广东省话剧院的话剧。

王建勋：作者吴有恒是当时的市委书记。反"地方主义"[②]以后，他被贬到造纸厂做党委书记。那时，我和陈予之在艺术馆，一天晚上去纸厂看戏，碰巧话剧《桃园堡》在那里演出，由当时香港很有名的武打女星李小红演。她新中国成立后从香港回来参加话剧团的工作。话剧团因为她出身不好，把她安排到了造纸厂，所以她就参加了那里的业余话剧团演出。我看了那个戏，觉得非常"好嘢"。业余演出本来很"落力"，特别是李小红，我还没见过话剧演员如此富有激情。看完演出以后，我把他们的剧本拿了过来。我当时在艺术馆做副馆长，把这个剧本印出来以后，给了省粤剧院，也给了市粤剧团。黄宁婴看了以后，说这个剧本好，立刻采用。最初是由黎国荣他们排演，后来才由红线女他们演。从这个戏可以看出吴有恒对粤剧非常熟悉，他真是老前辈，也有生活体验，对鹤山那些山区的革命生活很熟悉，连戏里面反角的花名都是广东化的，"番薯昌""番鬼王"之类的，一说出来，广东佬[③]都会哈哈大笑。结构也是戏曲化的，比如《八

① 指一些历演不衰、观众百看不厌的剧目。

② 由陶铸发起的批判广东地方干部的政治运动。

③ 指广东人。

女投江》“投江”一类的场面，戏曲经常有。还有戏中提到的中秋“月光会”，都是广东民俗风情。整个戏，从语言到风俗习惯都是广东的，是大家熟悉的，很有土味。所以这个戏能立得住。（同时代）其他戏，根基浅薄，没办法立足。

我从来没搞过传统戏，因为不懂。我一直都是搞现代戏，都是配合中心搞的。我搞现代戏，有个很深的体会：粤剧说到底不是很适合搞现代戏。

何　车：这个是真话。不单粤剧，整个戏曲艺术都是。粤剧产生的时代是农耕社会、封建社会，那一整套的东西，都是类型性的东西，服装、化妆都那样，你怎能够拿支步枪来耍“大刀花”①，又或者要八路军“勒背旗”②呢？不行的啊！这种形式是为那个内容服务的，硬要把它挪用过来要做很多工作的，要适应这些形势，适应这些人。有人曾经想做这样的事，湖北有个导演，设计踩单车的场景，演员只拿着单车头进行虚拟表演；设计打电话的场景，演员只拿着电话线虚拟跳舞。这就是运用了我们的传统创作方法。我们的前辈为什么这么“叻”，想到用马鞭去代替马，想到用那么长的须来“耍须”，要穿那么高的高靴来晒靴底呢？现代戏可以晒什么？晒导弹吗？艺术本身的形式和内容相矛盾。包括你刚才说的《山乡风云》，也存在这样的问题，所以现在就搞到剧院吊“威亚”来“打嘢”③。如果提倡演现代戏，形式和内容的问题要解决好。

王建勋：作为一种试探式的尝试，不妨做做。我觉得自己都试过不少，试了三十多年，我们什么办法都试过了。当时搞过面谱化的现代剧，脾气暴躁的人弄大花面，也试过用传统手法代替现代做手，可是人家总感觉你“洋手洋脚”。

何　车：有个戏《列宁在1918》，列宁和战友斯大林，唱

---

① 传统京剧基础把子功动作。

② 指京剧武将背上装饰的背旗，八路军“勒背旗”就是指形式矛盾，今人穿古装。

③ 戏行术语，指粤剧武打表演。

【十字中板】，笑到我“肚都挛”，那些唱词根本就放不下去。我离开大环境来说，用行政命令干预艺术，必然会产生另一种结果，以前做戏，有观众看，有票房，才算得上是老倌。现在不是，那些剧团由党养、由政府养，肯定要为政府服务。这个和香港也不一样，香港的演出主要是为了取悦观众，我们内地则要取悦那些不买票的人。所以我觉得王主席，你这方面说得比较深刻。我想你做主席的时候不敢说这些话。

王建勋：有些东西在位的时候很难说。譬如上头提出要突出现代戏，要以现代剧为纲，你不能提出不要搞现代剧……

何　车：马上要跟何建青去了！①

王建勋：所以有些话只能在大家聊天的时候说说。

何　车：我记得那时候邓宝说过，“文革”以后，想叫你回来做粤剧团团长，为什么你不肯？

王建勋：我不敢啊！

何　车：林奕退休的时候，那时何杰章还没上来。

王建勋：不敢跳进这个坑里。我会写点粤剧，但我不会演戏。老倌“扭计”不肯做戏，我也不能代替他。那时的老倌好厉害。

何　车：那时好像红线女还没过来。

王建勋：我觉得做局外人比做局内人好。局外人可以客观点。如果在粤剧团做领导，要贯彻上头的指示，不能像我们今天这样说自己的看法，只能积极去做。我不甘心这样，还不如站在旁边围观，喜欢可以说说自己的看法，不喜欢又可以不说。

何　车：你学了那个文人，“假话全不讲，真话不全讲”。

王建勋：特别看到当时“戏改会”干部多数马有失蹄，犯错误，受处分。我当时认识那个肥佬王力。他说：“我劝女姐②卖珠宝，卖了以后她把所有责任推我头上，说是我劝她卖的，搞到她连最心疼的东西都卖了。领导就责罚我。（劝女姐卖珠宝）那

① 何建青，广州粤剧团编剧，曾被错划为右派，这里指跟何建青去做右派了。

② 指著名粤剧大师红线女。

是领导要我去做的。”所以不容易做得好。我没办法学到邓宝、林奕那样。

何　车：邓宝跟林奕也不一样。后来邓宝也不肯回来啊。

王建勋：自己对粤剧不是没有兴趣、不是没有感情，但我只想从旁做点事。

何　车：和你交流最后一个问题，刺痛一下你的心。我那天收到你寄来的信：广州粤剧粤曲学会解散。我觉得不光你心痛，我也很心痛。经营了十九年，差一年就二十年了，为什么不继续下去呢？不过我觉得是你才能支持十九年，凭着社会关系、人面……你决定解散它的时候是什么感受？

王建勋：解散它的主要原因是何建青、沈伟、肖卓光等一批志同道合者都过世了，只剩下我一个人。有人劝我多找点人帮忙。可是没人“自投罗网”啊！没有运作经费，需要自己筹钱的。政府也没有相应的支持，没有办公地点。没有人愿意这样做。20世纪80年代的时候，刚打倒“四人帮”，粤剧非常兴旺。那几年大家都热情高涨，上头也没有多少规章制度制约，允许自由发挥。今天不行，慢慢削下来，门槛就变得没肉了。现在注册民间社团，有规定：一要有办公地方；二要有固定经费；三是领导不能超过七十岁，我已经八十四岁了。我从七十岁开始，已经被劝下台。上头还

王建勋在粤剧粤曲学会成立大会上致辞

是比较大量的，容许我超过七十岁一直在做。但被人家说多了，就没意思了。你干什么呢？求上面让你延长工作年限？！

何　车：还有两个原因，一是当今艺术社团生存条件艰辛。

王建勋：社团只适合企业化，营利性质的。属于公益性的社团根本没有。

何　车：我昨天看《羊城晚报》，列出了广州市几个先进民间社团，全部都是商会的社团，文化社团一个也没有。銮舆堂①现在也经营困难，房子快倒塌了，我还要筹钱修缮，打报告已经一年半，都没人管。民间艺术社团生存空间比较窄。第二个是你的责任，管理人才的断层。像邓刚文②那些人，一早就应该培养了。

王建勋：这个不容易。有很多条件的，要人际关系、待人接物手段，又要能吃亏，能低声下气。

何　车：还要有钱！

王建勋：就是要做高级乞丐。做得多就没意思了。虽然很多人很热心，但他也要给你面子才行。

何　车：是啊！那些老板要给你面子，他们表态："其他人我不给，你做一日我就给一日钱。"那你做不做？生存艰辛，很多无奈。

王建勋：总之，一句话：自惭形秽。我觉得现在群雄四起，中山大学又成立了相关的学会，搞学术，做了很多工作。八和会馆又积极起来，办了很多纪念薛觉先③之类的刊物。还有很多其他的组织。政府也很重视粤剧。我也老了，想做些自己真正想做的事，想画画。在可能的范围内，有适合的题材，我也会帮忙写写剧本，虽然我没什么本事。

何　车：你也是写现代戏吧？

王建勋：不写了。没这个能力啊。现在这么多新秀，让他们来搞好了。在粤剧研究探讨方面，如果有人邀请，也会参加。最近香港也有几个搞学术的博士来邀请我，我也没答应。我没资格

① 指广东粤剧銮舆堂，是粤剧打武家行会组织。

② 邓刚文，广州粤剧学校老师。

③ 薛觉先（1904—1956），20世纪三四十年代著名粤剧演员，人称"万能泰斗"。

做学者，只是“走过场”[①]的。我是一个研究粤剧的热心人。我对广州市粤剧的期望，只有四个字：希望兴旺。

何　车：现在广州市是业余（剧团）旺过专业（剧团）。

王建勋：广州市粤剧演出现在是“一枝独秀”。在广州市晚上进行常规性演出的，是文化公园中心台。在那里演出的，大部分是业余的剧团，有部分是县区的，如顺德、南海等地的剧团。

何　车：讲到底，粤剧是一种民间艺术，始终都要回归民间。粤剧之所以生生不息，其命脉在民间，而不是在广州的演出团中。

王建勋：要让粤剧兴旺，三条处方：一、调动一切积极因素，特别是民间的；二、国内社会以至国际对粤剧都很重视，大家都很关心粤剧的命运；三、粤剧应该作为政府重点文艺工作来抓。

我认为广东地方艺术有三个，一个是广东粤剧，一个是广东音乐，还有一个是岭南画派，它们是广东文化的精神支柱。要重视民间的潜在力量，我经营广州粤剧粤曲学会十九年，深有体会。我没向政府拿过一分钱，所有经费，一是来源于香港文化博物馆向我们定做录音录像付的薪酬，二是靠热心人资助。社会上还是有很多人关心粤剧的。有个朋友找了我几次，他很想在广州搞个私营剧团。

何　车：现在还不行，还没开放到这种程度。外地的不行，本地的可以。

王建勋：这些都是积极因素，好过现在一枝独秀。

何　车：今天很感谢你和我们沟通。粤剧艺术博物馆今年八月准备开馆，政府投资四亿多元人民币，里面没有一个人是懂粤剧的。主事的是讲普通话的，你提意见，他不会接受。准备找区图书馆的副馆长去做馆长，博物馆的馆长很重要，比大学校长还重要。即使你是博物馆专业的，你也要懂粤剧啊！

王建勋：这些不是行政领导，应该是业务领导。

① 原指舞台上的群演匆匆“走过场”，这里引申指自己是无关重要的人物。

王建勋（前排右）、何车（前排左）与《访谈录》编务组工作人员合照

何　车：即使政府很想搞这样的事，所托非人也不行。这也是你这个学会的可贵之处。今天也是请你过来吐一下郁气。谢谢你！

访谈感悟

从王建勋老师的访谈中，我看到了历史风潮中，文化人背负着时代枷锁，栉风沐雨艰辛前行的动人剪影。我们常说“不忘初心”，极尽繁华，不失根本，为之解一；遍受摧折，不弃信念，为之解二。王建勋老师的忆述，则是对解二的最好诠释。老一辈文化人“守望文化”的信念，不会因时势跌宕而动摇或被消磨，反而在备受磨砺之后，越发清光四溢，映照出他们的人生之树清奇硬朗的风骨，让后来看客油然生出无限敬仰的情愫。

李　颖

访问日期：2014年7月8日
访问地点：广州粤剧大院
受 访 者：吕广球
笔录及整理：陈冬琳

『米寿犹喜撚冰弦』

——吕广球访谈录

吕广球，广东鹤山人，华南人民文工艺术学院毕业。毕业后被分配到戏曲改革委员会音乐研究组担任驻会干部。先后在民间乐团、广东音乐曲艺团、广州杂技团、广东华侨中学从事行政及教育工作，为文化事业贡献良多。吕广球热爱乐器演奏艺术，多年工作经验使他在乐器演奏方面具有较高的造诣。退休后吕广球仍热心于音乐事业，他成立了“新素社乐社”，组织广东音乐爱好者开局，频繁进行艺术交流活动。

何　车：欢迎你参加访谈录，你德高望重。（我）称呼（你）吕老师还是吕校长呢？

吕广球：（你叫我）吕老师就行了，你这么看得起我。

何　车：不，全社会都要看得起你，因为你老人家积累了几十年的经验，是我们的宝贵财富，我要将我们经历过的事情、感受过的东西传给下一代，这样才能承传呀。言归正传，我们谈一下吕校长你几十年的经历。今年你已经八十八岁高龄了，工作从艺都有几十年了，很想知道你的前期经历，比如从你读书到工作这段时间的经历，向我们介绍一下好吗？

吕广球：好啊。我在华南人民文工艺术学院读书，当时因为革命需要，整个学院搬到了西江高要、云浮、郁南、罗定那一带，学生就去了那里。我们本来是学艺术的，在那里待了三年。

何　车：是土改[①]吗？

吕广球：不是土改，土改是另一回事。

何　车：那时候你多少岁了？

吕广球：那时候我二十五岁左右。

何　车：是大学毕业以后再去的？

吕广球：在那里待了三年才毕业。原来艺术学院学习就变成了三年农村工作了。后来回来了，省团[②]（林榆那个团）需要新文艺工作者加入，于是调了四个人过去，音乐是我、梁冠挺、莫汝城，美术是何启祥[③]。我运气好，当时省团的黄锦培[④]老师组建戏曲改革委员会音乐研究组，他就将我从省团调到文化局，做驻会干部，相当于现在的公务员，我在那里专职负责照片中这些人的工作。为什么我在相片中穿白衣服呢？因为省团1953年去海南岛慰问解放军，他们都有制服，每人一套白衣服。回来后排练结束照相，我当时就穿了这件白衣服，照相师傅就安排我站在中间。

何　车：就是你这件衣服不同，开始我还以为你是故意穿成

① 指20世纪50年代在农村开展的“土地改革运动”。

② 指广东省粤剧团，后来改为广东省粤剧院。

③ 何启祥，舞台设计师。

④ 黄锦培，著名广东音乐演奏家。

广东省、广州市戏曲改革委员会粤剧音乐研究组同人合影（第四排左起黄继谋、朱海、杨子静、骆臻、何干、黄文宽；第三排左起王文友、叶孔昭、刘天一、梁山、蒋拙庵、崔蔚林、陈卓莹；第二排左起黎田、苏文炳、何浪萍、吕广球、陈萍佳、方汉、邓楚峰；第一排左起黄不灭、黄锦培、杨桦、罗汉忠、宋郁文、梁秋、黄宁婴、林韵）

这样，以为照相师傅认为你最长寿，给你穿这件衣服。

吕广球：我当时在光孝寺专职服务这些人，那时候光孝寺的门面跟现在不同，一进门是几个大房间，最后的一个大房间就用于排练。每个礼拜一我就安排他们每人吃一碗牛肉鸡蛋粥。

何　车：不错啊。工资挺高啊。

吕广球：五毛钱一碗。

何　车：那个年代五毛钱很多了。

吕广球：吃完之后他们就开工排练，当时有原华南歌舞团的王文友，还有黄继谋、朱海、杨子静、骆臻、何干、张文奎。

何　车：我就觉得很奇怪，音乐研究组为什么找静公、黄宁婴、林韵[1]，他们都不是搞音乐的，为什么他们在那里呢？

吕广球：黄宁婴是“戏改会”的主任，所以他理所当然当领

① 静公指粤剧编剧杨子静；黄宁婴、林韵均是“戏改会”的领导干部。

导。林韵是市团团长，林榆是省团团长。

何　车：这几位都不是玩音乐的，杨子静也不是玩音乐的。

吕广球：他们是编剧，我们演粤剧，所以也叫他过来玩。

何　车：其实你们聚在一起玩些什么呢？玩广东音乐吗？

吕广球：主要是玩广东音乐。

何　车：这些人就是研究广东音乐的。

吕广球：挖掘广东音乐。

何　车：黎田[①]不是那一批的，他那时候还没有当上官。

吕广球：当时黄宁婴是主任，黎田是秘书。

何　车：怪不得，我就记得黎田在60年代还没当官。

吕广球：还有一个陈卓莹[②]，他是编剧。

何　车：他懂音乐，但杨子静是不碰音乐的。

吕广球：这些人确实干了一些工作，我们称朱海、方汉、梁秋、黄锦培为“四大天王”（广东曲艺团“四大天王”），这四个人1953年去了罗马尼亚参加第四届世界青年与学生和平友谊联欢节，随后到北京汇报演出时，北京音乐学院院长李凌，他是台山人，将他们集中在一起排练，将《双星恨》《昭君怨》这两首很有广东特色的曲目练得非常娴熟。

何　车：那次你有去吗？

吕广球：没有去。

何　车：出国那次没去？

吕广球：我没有出国参加“世青”[③]。

何　车：我知道这里有段故事，“五架头”[④]变成了“四架头”。苏文炳[⑤]上不了飞机。

---

① 黎田（1929—2009），曾任广州市文化局副局长，音乐理论家。

② 陈卓莹（1908—1980），粤剧编剧，乐师。

③ 指“世界青年与学生和平友谊联欢节”，是一项不定期举办的国际综合性青年活动。

④ 广东音乐的乐队早期编制，由五人组成，故称“五架头”，包括二弦、提琴、三弦、月琴、横箫五件，亦称“硬弓组合”。

⑤ 苏文炳（1915—2005），著名粤乐乐师，曾任广东音乐曲艺团掌板。

吕广球：苏文炳玩秦琴的，因为他老婆病了，所以他去不了，后来找了黄锦培顶他的位置。朱海是市团的，方汉是珠江剧团的，梁秋是省团的。这四个人得了奖回来，这两首很有特色的广东音乐就成为比较正宗的曲目了。骆臻和省乐团的指挥杨桦在中山纪念堂用小提琴演奏《凯旋》，崔蔚林[①]演奏《禅院钟声》。

何　车：是啊，"打锣牛"[②]的岳父。

吕广球：这个就很出名了（用手指相片中的位置）。蒋哲歆，蒋文端[③]的爷爷。

何　车：蒋华燊[④]的爸爸。

吕广球：有错了。还有刘天一、何浪萍[⑤]。

何　车：梁山我就生疏一些。

吕广球：他是梁以忠[⑥]的侄子，但不太守规矩，做了一些不好的事情，结果被关进监狱了，直到去世。他的结局是最不好的。照片上这二十八个人中，年纪最大的是宋郁文[⑦]。我二十多岁的时候，宋郁文已经五十多岁了。

何　车：我记得他是跟"老揸"[⑧]的。

吕广球：是的。

何　车：这些都是大师级的人物，何浪萍那时是"四大天王"[⑨]之一，叶孔昭、何干[⑩]他们统统都是玩家出身。

---

① 崔蔚林（1911—1975），广东音乐作曲家、演奏家，代表作是《禅院钟声》。

② 指广州粤剧团掌板刘熹。因他的乳名叫"阿牛"，故行内称他"打锣牛"。

③ 蒋文端，广东粤剧院著名花旦。

④ 蒋华燊，原广东粤剧院乐队头架。

⑤ 刘天一（1910—1990），著名音乐家。何浪萍（1918—2004），广州粤剧团乐师，擅长演奏多种乐器。

⑥ 梁以忠（1905—1974），粤乐名家，精通撰曲、谱曲、演唱，并熟习各种乐器。

⑦ 宋郁文（生卒年不详），粤乐乐师。

⑧ 指著名粤剧演员薛觉先，他排行第五，广府习俗称五为"揸"，故行内惯称他"五哥""揸哥"。

⑨ 指粤乐"四大天王"（广东音乐曲艺史上的"四大天王"），包括尹自重、吕文成、何大傻、程岳威（后期是何浪萍）。

⑩ 叶孔昭、何干均为广东音乐乐师。

吕广球：当时有四个人，是在文化局领补助的。其中刘天一和方汉，每人一百五十元。

何　车：好犀利。

吕广球：不算犀利啦，他们两个是大“朵”来的，他们应该有更高薪水，由财务科给他们钱。而何干和叶孔昭，每人五十元生活费，我帮他们领的。

何　车：那一百五十元就是工资吗？

吕广球：是的。因当时他们还没有单位，刘天一刚刚从香港回来，所以还未安排单位。这批人基本上就是这些情况。我最幸运的是得到黄锦培提携，碰巧他原来的拍档梁冠挺五十九岁就死了，他就带我去文化局负责这些事情。

何　车：你提到的照片上的这些人，你说得很清楚，戏曲改革运动[1]，即是“戏改”，我们称之为粤剧音乐研究，“戏改”是改些什么呢？

吕广球：那时候还没有“剧协”，“戏改会”实际上就是“剧协”，代替了“剧协”功能，主要是“改戏、改人、改制”。

何　车：“戏改”时曲艺团已经成立了，何干他们就过去了，“三反”“五反”应该没影响到他们，我知道影响了崔蔚林。我看照片上这些人，想知道照片里的右派有多少个呢？

吕广球：陈卓莹。

何　车：就是他一个？不止吧？！陈卓莹就肯定是啦。崔蔚林的家庭成分是地主？

吕广球：是啊。

何　车：何干、叶孔昭也是吧？因为他们的出身不是资本家就是地主，他们是“西关大少”[2]，又是玩家出身。陈卓莹就没读过书，靠自学。这些艺术人才在“三反”“五反”“文革”

① 指20世纪五六十年代开展的戏曲改革运动，简称“戏改”，又称“三改”，即“改戏、改人、改制”。

② 指广州西关家境殷实的富家子弟。

“镇反”[1]等运动中，有不少人受过冲击。这个过程你接触比较多。照片是1955年拍的，这个“戏改组”是什么时候解散的？

吕广球：不是解散，是后来一部分人被安排到各个剧团，一部分人组成了民间乐团。

何　车：你去了民间乐团？

吕广球：是的。

何　车：民间乐团是1957年还是1956年成立的？

吕广球：是1956年6月30日成立的。

何　车：离开民间乐团之后你就到了曲艺团吗？

吕广球：对的。民间乐团是纯玩音乐的，但站不住脚。后来就变成音乐曲艺团，既有音乐，又有演唱。

何　车：我记得当时民间乐团经常跟华南歌舞团一起演出，我观看过，所以我对民间乐团印象很深。你是哪一年入曲艺团的？

吕广球：民间乐团难维持了，我就直接转入曲艺团。

何　车：曲艺团是以民间乐团为基础的？

吕广球：是的，加上李少芳[2]。

何　车：跟曲艺大队的人合并。那时候你在曲艺团干什么工作呢？

吕广球：我得到领导信任，他们大胆起用我担任打前站，联系业务等工作，一个人要走七个省。

何　车：即现在的业务团长。

吕广球：对了。我一个人为他们铺路打前站，让他们跟着来演出。

何　车：当自己去旅游咯，那时候很少机会去旅游的。

吕广球：那时候很艰苦，没宾馆住，一手提着行李，一手拿着棉被。

何　车：不是吧，还要拿棉被？

---

① 指20世纪50年代在全国范围内进行的清查和镇压反革命分子的政治运动，全称为“镇压反革命运动”。

② 李少芳（1920—1998），著名曲艺唱家，星腔传人。

吕广球：不然我怎么睡？就是在舞台边那里摊开被铺睡觉，没有招待所，很艰苦。

何　车：你一直在曲艺团做到退休吗？

吕广球：这又是命运，我在曲艺团工作的时候，杂技团需要领导，就把我调去杂技团做领导了。我这辈子最辛苦的就是在杂技团工作了。

何　车：你又不会耍杂技。

吕广球：是啊，从演员到干部，全团的工作就靠我一个人，不但要管财务，还要抓政治、抓思想。

何　车：既做指导员，又做办公室主任。

吕广球：就是这样，回想起来，做杂技团领导真不容易，好辛苦啊。

何　车：现在分开管理了，有业务团长，有办公室主任。

吕广球：那时团长是不理事的，就把任务交给你做。

何　车：你在杂技团做了几年？

吕广球：1961年到1970年。

何　车：也就是说你是在杂技团经历“文革”时期？

吕广球：这是很受折磨的经历。

何　车：“文革”期间你在杂技团有没有被人批斗过？听说杂技团打人很厉害的。

吕广球：出了一幅横额“打倒反革命分子吕广球”。第二天那条横额不知不觉又被撤了下来，没这回事了。那天晚上吓得我“有得震冇得瞓”。

何　车：我知道杂技团有几个大汉专门批斗人的。

吕广球：我这个人最大的优点是以柔制刚，不跟他们斗恶。

何　车：这是与人为善，群众关系好。

吕广球：我懂得这一点。刚好那时候文化局需要调一批人去做老师，我很幸运，被抽调到“侨中”，即广东华侨中学。那时候广东华侨中学叫十五中。

何　车：你是去干校[1]后，1971年才抽调到“侨中”的吧？

吕广球：对的，我是从干校出来后到“侨中”的，而且还带了一批人。

何　车：胡永棠[2]去了二十九中，你就去了“侨中”。

吕广球：对的，我带他们出来的，把他们分配去各个学校工作。我是作为老师退休的。

何　车：这很好啊，又有教龄补助[3]。

吕广球：所以说我这辈子就是命好。

何　车：我想起以前崔良玉在杂技团当团长。你觉得在杂技团工作辛苦，他斗大的字都不识，又不会写检查，什么都不懂。“文革”时期我曾与他同在“隔离室”[4]。

吕广球：崔良玉这个团长是比较和善的。

何　车：他是艺人，不识字，又不是“当权派”，“语录”[5]都背不全。这种团长，肯定是不理事的，因此我知道你在杂技团的时候很繁忙。原来你就是这样去了“侨中”做老师，一直到退休。

吕广球：十四中和十五中后来合并为“侨中”。

何　车：校区就在起义路吧？

吕广球：是的。

何　车：我很好奇，1978年回调归队，你冇翻去吗？

吕广球：我冇翻去了。

何　车：好，不应该再回去了！宁愿在学校教书。你在中学教什么呢？

吕广球：教语文、音乐。

---

① 特指“文化大革命”中按照“五七”指示精神建立起来的，接收干部和知识分子劳动改造的农场，亦称“五七”干校。

② 胡永棠，广州粤剧团乐师。

③ 对教师根据教学工龄给予补助。

④ 指“文革”时期用于关押、禁锢“牛鬼蛇神”的囚室，因为那时关押他们叫“隔离审查”，故这些囚室被称为“隔离室”。

⑤ 指《毛主席语录》。

何　车：哦。

吕广球：还做班主任，班里又有“四大天王”，经常捣蛋。我教音乐的，懂得以柔制刚，你凶我不凶，你捣乱我不捣乱。后来把他们驯服了，现在这“四大天王”反而跟我关系最好了。

何　车：这些人是真情性。

吕广球：现在他们都会说：“老师你当时为我们好，系我们唔生性，专门跟别人作对。”我说：“不要紧，你爸爸妈妈交了学费让我管理你们，我没有恶意的。”他们心悦诚服。当时的班长没有管这么多事情的，那些学生下课，班长只顾读书，那些学生玩他也不管。班长就是聪明仔，读了三年高中后，再读五年医科大学、两年研究生，现在在中山医当心脏外科医生，很不简单。

我因心脏病需要动手术，去了省人民医院霍英东治疗部，有一个姓郭的医生为我做心脏搭桥手术。“人民大桥”“解放桥”“海珠桥”，搭了三条“桥”①。我2002年5月做的搭桥手术，活到2014年，赚了十几年。我比较乐观，想得开。我八十八岁了，耳朵仍然很灵敏，很难得。我跟这些人玩音乐的时候，他们都说我年纪越来越大，但音乐玩得越来越好，有“回糖”②，有进步。我说很简单，我睡醒就背曲，研究指法和弓法，需要用的时候就自由发挥。做人应该这样。

何　车：有寄托，也有追求，最重要的是心宽，我有同感。吕老师，做老师真开心，看着学生成长，看着“四大天王”长大，班长学有所成。那么，你从艺生涯中，有什么开心的事情？你曾在这么多单位工作，经历“戏改”、民间乐团、曲艺团、杂技团。跟不同艺人在一起，有什么令你印象深刻的事情呢？

---

① “人民大桥”“解放桥”“海珠桥”是广州来往珠江两岸的三座主要桥梁，这里运用了比喻的修辞手法，指在心脏搭桥手术中搭了像这些桥梁那样重要的三座“桥”。

② 戏班术语，指某些艺人因为年纪大了，导致技艺严重退化，就像甘蔗的糖分随着成熟期过去逐渐减少。

吕广球：何杰章[①]跟我开玩笑，说我“身跨四协”[②]“乐振八方”。我说不要说我“乐振八方”，“乐引八方”才是，吸引很多人过来跟我一起玩音乐。

何　车：哪“四协”呢？“曲协”[③]？

吕广球：“剧协”[④]。

何　车：是啊，“剧协”。

吕广球：我一开始就调入三团，加入剧协。还加入“音协”[⑤]。

何　车：嗯，还有“音协”。

吕广球：还有“曲协”“杂协”[⑥]。一共“四协”。

何　车：“四协”的代表人物你都接触过，这个过程里有什么事情令你印象深刻？你在“剧协”里跟谁接触得比较多？

吕广球：在“剧协”那段时期，我在省团的时候就接触李翠芳、何剑秋。[⑦]

何　车：演《搜书院》那批人。

吕广球：还有李飞龙、邓丹平、练玲珠、刘美卿、黎国荣、新珠[⑧]。我们坐艇去道滘演出时，新珠上厕所时掉进水里了。

何　车：那时你们坐的是画艇[⑨]吗？

吕广球：不是大画艇。

何　车：怎么会掉进去呢？没可能走出去大小便的吧。

---

① 何杰章，曾任广州粤剧团总团团长。

② 指前后参加广东省曲艺家协会、广东省戏剧家协会、广东省音乐家协会、广东省杂技家协会。

③ 此指广东省曲艺家协会。

④ 此指广东省戏剧家协会。

⑤ 此指广东省音乐家协会。

⑥ 此指广东省杂技家协会。

⑦ 李翠芳、何剑秋均为当时广东省粤剧团演员。

⑧ 李飞龙、邓丹平、练玲珠、刘美卿、黎国荣、新珠均为当时广东省粤剧团演员。

⑨ 粤剧戏班下乡演出的交通工具。

吕广球：我就不太明白了，厕所那个坑那么窄，怎么可能掉进去呢？

何　车：谁把他捞上来的？

吕广球：李焕州等几个“五军虎”[①]夹手夹脚把他捞上来的。

何　车：他很壮，很难把他捞上来。为什么会掉下去呢？

吕广球：我到现在也不太清楚。

何　车：就只有你一个人知道他掉下水？

吕广球：整船人都知道。

何　车：其他人都去世了，现在只有你一个人知道这件事了。那时候是20世纪50年代。他是掉进河里吧？

吕广球：就是去道滘的那条河。

何　车：他演“关戏”的。算是“关公”掉水里了。

吕广球：他是“生关公”。

何　车：这挺有趣的，演关公的人连“马”都扎不稳。“音协”你应该也认识一部分人，是杨华等人吗？

吕广球：是啊。

何　车：“音协”里有民间乐团那些人，刘天一是不是“音协”的？

吕广球：应该是的。在“音协”的时候我也在民间乐团工作，民间乐团就是后来的曲艺团。

何　车：曲艺团很多人的。

吕广球：民间乐团整天都是玩音乐，这很难吸引观众，不是长久之计。

何　车：我想求证一下，玩音乐的人都比较安静、内向，我认识的照片里的几个玩音乐的人，如何干、叶孔昭、方汉、邓础峰，他们都比较安静和内向，对吗？我本来跟何干、叶孔昭不太熟，后来在干校跟他们一起住。那时我跟黄少梅、关楚梅、何干、叶孔昭比较熟。批斗地主阶级时，何干他们也被批斗。我接触他们比较多，所以知道他们比较安静，性格内向。照片里有很

① 表演行当，是戏班中专门负责武打和翻跟斗的群角演员。现在剧团多称为武打演员。

多人是曲艺团的。梁秋好像没有去过曲艺团工作，苏文炳去过曲艺团工作。

吕广球：苏文炳原来是搞工会的，后来他去了曲艺团。

何　车：罗汉中后来到哪里工作了？

吕广球：罗汉中后来去了省团工作。

何　车：罗汉中是在省团退休的吗？

吕广球：是的。

何　车：照片里都是大师级人物，最年轻的不是你，应该是黎田，但是黎田最后去了搞音乐理论。黎田的太太现在去世了，他的子女现在都不从事这个行业。以前黎田住在“太平南”总团前面那栋楼，文化局艺术处以前叫艺术科。我想知道你跟黎田这位领导接触有何感受呢？

吕广球：陈少珍的弟弟陈少棠[①]说：“黎田是‘奸官’。”

何　车：黎田给我的印象是他做事面面俱到，即使他不赞同，也会回答得非常完满。

吕广球：别人的评价是有道理的，我将《仙女牧羊》改为三拍子，本来很流行的，但黎田写了篇文章，大批特批这首曲子。

何　车：怎会这样呢？

吕广球：我跟黎田无冤无仇，不明白他为何要这样。

何　车：这曲子挺好听的。

吕广球：黎田后来对我说，这曲子很流行，我都不想搭理他了。甘尚时[②]教授见到这曲子出唱片，马上对我说这曲子写得不错。连教授都说这曲子好，黎田却要批评这曲子。所以陈少棠就说他是“奸官”。

何　车：可能是受极左影响。

吕广球：黎田这个人很会混。

何　车：他是“不倒翁”[③]。

吕广球：有好事黎田总能沾上边。

何　车：难得吕老师这么坦率地评价黎田。我让你再评价一

---

① 陈少珍、陈少棠两姐弟均是广州粤剧团演员。

② 甘尚时，著名高胡演奏家。

③ 指在历次政治运动中善于应付环境而能长期保持自己权位的人。

些人。反正这些人都不在人世了，我觉得你的评价很中肯。跟陈卓莹交往，你觉得他如何？

吕广球：陈卓莹命运不好，人大代表、政协委员、团长都当过，需要他的时候，觉得他干任何事情都行，他是我们团长。

何　车：他从香港回来就参加革命了。

吕广球：陈卓莹的特长是写剧本，还写得很快。

何　车：他只读过小学，全靠自学。

吕广球：他就是这点厉害，但别人就是绞尽脑汁也要诬陷他，叫他去扫灰水，强制他劳动，他很可怜的。

何　车：我在市剧团艺术室时跟陈卓莹的女儿共事，有时候会去拜访陈卓莹，后来在“文化大革命”期间我和他同住一个大房间（隔离室）。陈卓莹这个人，虽处囚牢之中，不减其耿介之性。他即使是囚犯，也正襟危坐，不跟其他人乱说话。他很像读书人，但他真是靠自学的。陈卓莹没有文凭，只上过小学，但他确实是个奇才。他的命运坎坷，后来他被摘掉右派帽子，回来市团还是当艺术室主任，但这个职位是没什么发言权的。记得排练《红楼二尤》的时候，他写的凤姐出来的那段【慢板】，词和曲都很美，“不幸生来是女人，终日困在家庭过日辰”，将凤姐那种心比天高，命如纸薄的特点刻画得非常透彻。可以带领演员入戏。吕老师你命好，陈卓莹则命苦。陈卓莹就是“叻过头”。照片里还有一个叫陈萍佳[①]的人，你跟他熟吗？

吕广球：我跟他很熟的。

何　车：陈萍佳老师主攻哪个方向？我知道他音乐玩得不错，我认识他，最先接触他是通过听他唱《秦琼卖马》，他唱官话演绎传统的《秦琼卖马》，但他改了些旋律，添加了京派的“卖马腔”进去，整首曲更能表达出秦琼的愤懑和无奈，实在是高手。陈萍佳在艺术上是如何钻研的？这应该有段故事吧。《秦琼卖马》广受欢迎的时候，我刚好要去北京开会学习，黄俊英[②]拿来学唱后演出，后来还把这首曲子灌录成七十八转的黑胶唱片。黄俊英是相声大师，但是演唱方面他与陈萍佳没法比。为什

① 陈萍佳，粤乐乐师、粤曲作家。

② 黄俊英，原来是学习粤剧的，后来成了著名粤语相声演员。

么陈萍佳后来没有重新灌录这曲子的唱片呢？陈萍佳能唱、能玩（乐器）、能写。

吕广球：陈萍佳这个人比较随和，他不好高骛远，有修养，唱功一流。

何　车：他在曲艺团教了很多学生，大家都称赞他唱功非常了得，那他主攻唱还是玩音乐呢？

吕广球：他演奏南胡很了得，唱功也很好，既能唱也能玩音乐。

何　车：他跟叶孔昭一样，传授的大部分是一些古老的、传统的东西。照片里的这帮大师中骆臻算是比较长寿了，演奏小提琴全国出名，他很聪明，是清朝时期原四川总督、镇压太平天国运动的骆秉章①的孙子。“文化大革命”前就已经被批斗，他是地主成分，被遣返回乡下。他烟不离口，习惯一支接一支，即便玩音乐的时候烟灰也不会掉下来。他那时候在你们那个组里演奏什么乐器？小提琴还是高胡？

吕广球：他演奏高胡水平一般，小提琴玩得好。但他有一个大毛病，他喜欢玩的乐器才玩得好，不喜欢玩的就会经常打瞌睡。我比较讨厌这种人。

何　车：他有兴趣的时候就很疯狂。我最怕他兴奋过头，兴奋时他打扬琴，好像“打禾”那样。但他演奏小提琴时就显得很有修养。后来他被遣送回乡，又被抽到花县粤剧团玩音乐。骆臻非常爱好音乐，但不会以此作为挣钱工具。就如当老师，不能只为了钱，也是要爱学生才行，如果上完课就立刻转身走人，这样的态度就不好了。骆臻由衷地爱好音乐，所以他的子女也是玩音乐的，骆庆儿②去了深圳，还有骆甜儿③是我的同学，也是玩音乐的。骆臻一家是音乐世家。

很多年轻人对朱海比较陌生，朱海的高胡在当时是演奏得最

---

① 骆秉章（1793—1866），原名骆俊，是晚清湘军重要将领，与曾国藩、左宗棠、李鸿章等人并称“晚清八大名臣”。

② 骆庆儿，广州粤剧团乐师，骆臻的儿子。

③ 骆甜儿，广州粤剧团乐师，骆臻的女儿。

好的。

吕广球：全靠李凌在中央乐团给他们集训，把《双声恨》《昭君雨》两首曲子演奏得出神入化。

何　车：从整体布局来说，这两首曲有点相似吧？前面部分是哀怨、乙反调，后面部分将节奏不断加快，从曲式安排上有些相似。要演奏娴熟，才有味道、风格，这是比较难掌握的。

吕广球：是的。

何　车：欢乐和哀怨的曲目放在一起演奏是有对比的，但这两首曲放在一起演奏就很考功夫了。梁秋演奏什么乐器？

吕广球：梁秋吹洞箫。

何　车：不是吹喉管吗？

吕广球：吹洞箫。“五架头”没必要吹喉管了，喉管显得太霸道。

何　车：他是梁荫棠[①]的堂兄，他带梁荫棠出道的。现在的年轻人都没听过这些老前辈演奏。特别是朱海的高胡，刘天一也比不上朱海。

吕广球：但是他们风格不同。

何　车：刘天一演奏机会多。

吕广球：朱海有些旧的观念，他向我借了二十元，那时候我才六十元工资。

何　车：这很犀利了。

吕广球：那时候二十元相当于现在的两千元，他到死的那一天还没有还钱。

何　车：他是不记得吧？

吕广球：那时候这是笔大钱了，六十元工资给了三分之一，他却不当一回事，不过算了，我那时候还是单身汉。

何　车：可能他见你是单身汉才问你借钱。他不会问有家庭的人借钱的。这些是朱海轶事。还有没有其他人问你借过钱呢？

吕广球：沈伟[②]向我借了十元钱，都十几二十年了他都没还钱。

① 梁荫棠（1910—1979），著名粤剧小武，有“武探花”之称。

② 沈伟（1924—2009），广州粤剧团乐师，唱腔设计、音乐技术培训班教师。

何　车：照片里有没有沈伟？

吕广球：没有，他没有参加。沈伟是在成立民间乐团工作的时候才来的。

何　车：林韵在市团的时候出了两本书。你跟林韵共事过吗？

吕广球：没有。林韵是市团团长。吴颂强的前妻芬姐和我合作过。

何　车：20世纪50年代的时候他（指林韵）在市粤剧工作团工作。照片里的人都是星级人马，黄不灭、黄继谋[1]两父子都在这里。梁以忠女儿梁素琴和另外一个女儿梁之洁都在香港，现在还能见到她们。梁以忠的侄子梁山因何事去坐牢？在那个年代这是大事。

吕广球：梁山那时候“搞”（猥亵）小女孩。

何　车：我之所以不称你为“校长”，是因为现在“校长”是贬义词，“校长”专门“搞”小女孩的，所以不称你为“校长”，称你为老师好了。20世纪50年代末60年代初，以前东方宾馆斜对面有个体育馆，在那里开大会，老师“搞”学生都是要枪毙的。那时候对牵涉“性”的作风问题抓得很紧。

何浪萍去了市团。照片里有省团、市团、曲艺团的人。方汉和崔蔚林最胖。

吕广球：何浪萍是 “四大天王”，其实他只是充数的。真正的“四大天王”是吕文成、尹自重、何大傻、程岳威。他们在当时中山四路惠如楼，坐在街面铺位那里，面对街坊演奏音乐。程岳威吹大管，尹自重拉小提琴，吕文成打扬琴，何大傻弹吉他。但程岳威去世比较早，何浪萍就顶替程岳威，我们是见证人。

何　车：这一行都是这样，文觉非、罗剑飞、何剑秋、梁醒波也是“四大天王”[2]。“四大天王”经常换人，上一届是一批人，下一届又是另外一批人。现在职称是有评定标准的，但以前的评价是基于舆论界、宣传界、报刊、观众听众投票的，“文武生王”“花旦王”都是选出来的。

① 黄不灭是著名粤乐乐师；黄继谋是黄不灭的儿子，广州粤剧团乐师、唱腔设计。

② 这里指20世纪星洲粤剧的四位文武生，被称为“四大天王”。

现在就不同了。但是一个行业要繁荣兴盛，要捧些明星出来进行包装宣传。崔蔚林写的曲不止一首，那首“为爱为情为革命”的《禅院钟声》，就让他“扎”起来了。崔蔚林是刘熹的岳父，好像他不太理事吧？

吕广球：他不太理事。

何　车：方汉的女儿方小平是曲艺团的。

吕广球：是的，她后来去了花园酒店。

何　车：她嫁给了话剧团的古化平，她的女儿就是古璇[1]，是个歌手，方汉也是一个奇人。刚才提到陈卓莹，经历过“戏改”“土改”等运动。你加入过“土改工作队”吗？三年“土改”，接着“镇反”和“三反”“五反”，然后“反右”，党内的就是“反右倾”。接着是“四清”[2]，然后到“文化大革命”。政治运动这条“链”一直没有断过。那个年代的人的心态特别平和，尽管是身陷囹圄，也能淡然以对。就像陈卓莹当年虽然被囚禁，但是他那种翻身感很强烈。他在新中国成立前就已在香港参加革命，出身很低，回来后当上人民代表、团长。他对新时代、新社会、“戏改”都怀着一颗感恩的心，这是很难能可贵的。那个年代的人对事业总是全身心投入，有信仰。前几天我跟谭佩仪[3]吃饭，提到了你，她说认识你。你给人的印象不仅仅是校长，而且是老师。你认为20世纪60年代那些“运动”对文艺界的建设有什么影响？

吕广球：我四次到农村，其中“土改”三年。干部下放劳动去沥滘两年，接着去“五七”干校两年，后来带学生去分校，应该说我是“四到农村”。

何　车：带学生去农村分校时间很短，就两三个月。

吕广球：学生对我印象深刻。

何　车：那时候刚好是“文革”后。你有没有做过工作队，

---

① 古璇，广东流行音乐歌手。

② 指“四清”运动。1963年至1966年，中共中央在全国城乡开展的社会主义教育运动。运动一开始在农村是“清工分、清账目、清仓库和清财物”，后期在城乡中表现为“清思想、清政治、清组织和清经济”四个方面。

③ 谭佩仪，广东著名曲艺唱家，有“子喉王”之称。

动员知识青年“上山下乡”[①]？

吕广球：最讨厌做这种工作了。

何　车：当时没有办法，因为要完成任务呀。规定要全部人去，占一定百分比的。

吕广球：一定要动员他们去的！

何　车：有没有被学生的家长骂过？

吕广球：肯定有啦。我还给他们分配，有些人留城里，有些人去农村。

何　车：留城里不一定是好职业。分配去茶楼工作的算好了，起码不用下乡。知识青年下乡分两种，一种是投亲靠友，自己找地方；一种是“知青”，被分配过去的，这种相对惨一点。

吕广球：有些人抢着去海南岛，过瘾嘛，可以过海。我就三到海南岛。第一次是参加中央老根据地访问团，专车渡轮过海。第二次是跟省团坐船到海南岛慰问解放军，要过琼州海峡，回来排练了《搜书院》。第三次是跟杂技团去了海南岛一年，在海南岛每一个区域都进行了演出。我刚从海南岛回来，我妻子李宝莲[②]又下乡了。连当时的文化局局长陈东也调侃，我们两夫妻老是那么繁忙。

何　车：你现在家庭生活应该很美满吧？

吕广球：我妻子李宝莲是离休干部，她是“国宝”。她1947年参加革命，是老共产党员。我告诉她国家给她的待遇要好好享受，安心静养，好好珍惜。现在我尽我所能照顾她，因为她行动不便，今天我过来前吩咐我女儿好好照看李宝莲。现在李宝莲八十六岁，我八十八岁。

何　车：高寿啊。现在和子女同住吗？

吕广球：我只有一个女儿，独生女，她住在五中隔壁，她有空就来探望我们两位老人家。

---

① “文化大革命”期间，动员已毕业的中学生下乡接受贫下中农再教育，名为“知识青年上山下乡运动”。

② 李宝莲（1928—2016），广州粤剧团政治干部，吕广球妻子。

何　车：你们有请保姆吗？

吕广球：我现在夜晚也要照顾李宝莲，跟她同睡，贴身照顾她大小便。保姆很难做到贴身照顾，做不了这些事情。所以我现在没有请保姆，我自己能做多少就做多少。

何　车：你确实做得很好了，日日夜夜都是一把手，所有家务全包了。天天照顾李宝莲，生活有节奏，真是一个模范丈夫！就算把李宝莲送去养老院也没有你照顾得好。你在家既要劳动，又能够玩音乐调节身心。如果觉得太操劳，也可以叫女儿回来帮忙或者请保姆做日间的家务。

吕广球：凡事都要顺其自然，做顺了，掌握好规律，一切都不成问题。现在难能可贵的是，每个星期四，我都在家开音乐会。你会发现我这个人年纪越来越大，音乐玩得越来越好，我耳朵最灵敏，玩音乐一流，音准、节奏稳，整群乐友都这么称赞我。只要我有心，我就会为音乐事业发挥我的作用，我就会想办法把音乐玩好。

何　车：你的心态好。我们要专门组织一个访问团拜访你，

吕广球（前排右）、何车（前排左）与《访谈录》编务组工作人员合照

向你学习。今天很高兴能跟你交谈，学习了很多东西。多谢你！

吕广球：你跟珊珊[①]拍档做节目，我每次都观看！

何　车：谢谢你！

访谈感悟

吕广球老师一生钟爱广东音乐。他乐观豁达，心肠慈善，热情好客。他现已八十八岁高龄，仍然一直坚持演奏音乐，不仅仅把音乐当作兴趣，更是将其作为自己毕生的事业和追求。吕老师指法灵活，思维敏捷，记忆力好，玩起音乐得心应手。

十多年来，他每周四都组织乐友到他家的“新素社乐社”开局玩音乐，从未停过，风雨不改，众多广东音乐爱好者喜欢去他那里参加交流活动，其中不乏各大院校知名教授。吕老师凭着他的满腔热情，诲人不倦，不求回报，从教几十年，桃李满天下，深受文化界、教育界人士的认可和敬仰。

吕老师经历了解放战争、土改运动、“文化大革命”等时期，也经历了改革开放的繁荣兴盛，在事业和生活上，有艰辛也有惊喜，但他总是保持乐观的平常心、广阔的胸怀，脚踏实地地走他的精彩人生。

每次看见吕老师与妻子李宝莲一起回到粤剧大院，我都深受感动，吕老师已八十八岁高龄，但在生活上仍无微不至地照顾着妻子，这份深情和坚持，足以令无数人为之动容。

陈冬琳

① 指周丽珊，广东南方电视台粤剧节目主持人。

访问日期：2014年12月30日
访问地点：广州粤剧大院
受 访 者：谢彬筹
笔录及整理：梁嘉琪　崔振强

『为而不矜作不持』

——谢彬筹访谈录

谢彬筹，戏剧研究专家。1936年出生于广西北流县，1959年从中山大学中文系毕业。曾任广东省艺术研究所所长，退休后受聘为广东省艺术研究所顾问、《红线女艺术研究》等主编，是中国戏剧家协会会员。在受聘副研究员和一级编剧期间，发表戏曲史论、艺术研究、戏剧评论等方面的文章一百多万字，笔耕不辍。主编出版《中国戏曲志·广东录》《岭南戏剧思辨录》《岭南戏剧观赏集》《岭南戏剧源流编》等著作。

何　车：谢老师，非常感谢你的到来，你是我们的老朋友，是粤剧的老朋友。很久以前就已经想跟你学习了。

谢彬筹：呵呵，别这样说。

何　车：你是我们的前辈。一直以来，在粤剧的发展过程中，有很多个关键时刻，都有你的身影、你的文章，因为你主持《广东艺术》的时候其实较少系统介绍像你这样学者型的专家，都是着重介绍一线的演员。所以，我觉得这是我们必须要弥补的一个遗憾。其实很多人都很想知道谢老师的经历，你是怎样走上这条路的呢？你在“艺研所”[①]指导工作的时候，对整个广东省的戏剧都非常关心，所以我很想知道你的经历，你究竟怎样踏上这条路的呢？我们很多观众都有一种好奇心，也可以作为一种借鉴，或对于现在的青年是一个学习的榜样，所以想请你介绍一下。

谢彬筹：好的，倾偈一样倾？

何　车：是的，就是倾偈一样倾。

谢彬筹：那讲之前我就先声明：我真的不是粤剧界人士，因为一是我不会唱粤曲，二是我也没演过粤剧，三是我也没有写过粤剧的剧本，所以粤剧好像和我没关系的。

何　车：不是哦，我知道你写过《粤剧发展概述》啊。

谢彬筹：呵呵呵，那些是涂鸦之作而已。

何　车：另外还有《粤剧简史》[②]啊。

谢彬筹：那是年轻的时候练习写的东西而已。我确实不是粤剧界的，在粤剧界我这种人叫作“洋古”[③]。还有就是我不是很习惯这种形式的采访。因为我不会演戏，不会表演，要应付主持人的提问，就觉得有些为难。

何　车：我们就是倾偈而已。

---

① 指广东省艺术研究所。

② 早期谢彬筹所著的粤剧研究书稿（全书未出版，部分章节已发表）。

③ 戏行行话，指外行人，用来讥讽某些人不懂戏行规矩、禁忌和习惯，或者不知内情，不清楚来龙去脉。

谢彬筹：讲到这个问题呢，我有一个笑话，我读书的时候最怕老师提问。老师说："某某某，你站起来，有东西问你。"我站起来以后就手足无措，十分尴尬，一个字都讲不出来。所以，我有一个想法，我要谈的是关于整个粤剧总体的形式，那如果我作为一个粤剧爱好者，在学习、认识粤剧的过程里，有些什么体会，这个可以记下来。不如我把我想到的东西先谈一谈，好吗？

何　车：好啊好啊！

谢彬筹：讲完以后呢，你觉得我哪里讲得不清楚的，或者讲得不对的，或者有什么遗漏的，你再提醒我。这就比较适合我的思维。

何　车：好的好的，畅所欲言。

谢彬筹：你刚才问我为什么会走入戏剧这一行，那就要从小时候说起，我出生在广西桂东南一个小县，叫北流县。北流县靠近北流市，是一个好小的县。家里比较穷，小的时候除了读书就没有其他活动了。读初中时，有个粤剧班在我们学校那间破烂的礼堂里演出，原来这个粤剧班是广东过去的那些凑台班，就是凑在一起，大概一二十人，那些服装道具是拿箩筐来担的。

何　车：就是"下四府"的"过山班"[①]那些。

谢彬筹：是的，"过山班"。

何　车：那种叫"打软包"[②]。

谢彬筹：那时省下来的几分钱、一毛钱就用来买了一张票，刚好他们演的是《梁山伯与祝英台》（简称《梁祝》）。《梁祝》是我们中国戏曲的经典，其中故事的男女主角从相交到相知再到相爱，最后被逼生死分离，这种情节、这种深度，最能够吸引情窦初开的少年去观赏。那晚看完这出戏以后，有三四天都不想读书，老是想着梁山伯与祝英台。梁山伯怎样惨，祝英台又怎

① 明清至新中国成立初期活跃在山区的戏班。它们以家庭成员为主，多在农闲时［通常指农历冬月（农历十一月）至来年辰月（农历三月）间］组织演出。

② 与省港戏班用"戏箱"（硬包）收拾演出物资的方式相对，此指"过山班"把戏班的生产物资和生活物资以最简易、便捷的方式进行收拾，以方便转场演出。

样惨，为何他们两人在这么相爱的情况下都不能结合，脑里老是充斥着这些东西。但我想，看这个戏，就为我以后的兴趣、志向埋下了一颗种子。我喜欢看戏，戏能够感染我，能够给我教益。

所以我读完中学去考大学，结果考到了中山大学中文系汉语言文学专业，它是分文学和语言两个方向的，我读的是文学。当时中山大学中文系名师辈出，像容庚、商承祚，这些是大家。在戏剧方面有王起（王季思），年轻一点的有黄天骥，我在中文系读书，当时和现在有不同的地方，那时王起给我们讲课，他有一套与众不同的教学方法，他很强调理论和实践相结合，将课堂的知识和对舞台的认识结合，所以你不要看他是国内知名教授，以为很难相处，他其实很关心我们这些学生。当时广东省、广州市的粤剧界，如果有什么新戏彩排或演出，一定要请王起他们那班人来看，他要去就一定会带上我们这班学生去。他认为这就是理论与实践相结合，使学生更容易成才。因此，在读书期间，经过这些名师的引导，在课堂上、在图书馆，我读到一些戏剧、中国戏曲方面的书籍。在生活方面，得到他们的关照，又看了很多国内的、省内的名剧。那么，前面看《梁祝》，种下了一颗种子，后来在中山大学中文系读书，就使这颗种子发芽了。我于1952年进中山大学读书，1959年毕业，大概1957年左右就提倡每个学生要搞科学研究。就是说，你要在这个学习过程中选择你将来的发展方向。那我就选定了戏曲作为自己学习的专业方向。在中大读完书毕业以后，我就被分配到当时的广东省文化局戏曲研究室。在那里工作以后我就一步一步踏入戏剧的圈子，也开始接触粤剧这个剧种，从此，慢慢地由接触到喜欢到热爱，最后就想通过研究，写一些东西，这一条勉强叫作粤剧人的路就是这样走出来的。

何　车：那你读书的时候也挺厉害哦，你读到1959年才毕业，你的《粤剧简史》是不是你的毕业论文呢？

谢彬筹：这个呢，当时没有很系统地接触到粤剧的全貌，只是从一些地方志，好像是《广东通史》《南海县志》中，得到一些容易找到的材料、史证。加上1955年时，粤剧的评论比较活跃，手头上有一些资料，譬如说当时中国戏剧家协会广州分会有两本刊物，一个叫《南国戏剧》，一个叫《舞台与观众》。

何　车：《舞台与观众》是对外的。

谢彬筹：是的。里面有很多文章，基本上都是讲粤剧的，所以在两个方面，一个就是史书中的一些资料，一个就是一些评论，引起了我对粤剧更大的兴趣。那时还没有写那本《粤剧简史》，但已有一个想法，写《粤剧简史》是出来工作以后的事。讲到《粤剧简史》呢，我要自我介绍一下，我在学习粤剧的这一条路上越走越深，大概可以分为五个阶段。第一个阶段就是我在中大中文系读书的时候，我当时选择的科目是戏剧方向的，在戏剧这个科目里，我特别喜欢粤剧。第二个阶段，就是在文化局工作不到一年，文化局保送我去当时的中国戏曲研究院进修，进了戏剧史进修班，学了一年。这一年就得益很多很多，当时的班主任是张庚，其他老师和我们面对面地讲课、研究、讨论、争议，所以这一年的进修使我学到了在中山大学里没有学到的，或者是应该学但又没学得很懂的东西，比较全面地补充完善了我对戏剧这门学科的一些基本认识。第三个阶段是一年的进修完成以后，刚刚回到广东省文化局的戏研室工作的时候，碰到了一个大好机会，就是粤剧传统调查研究，这是1961年、1962年发生的事，因为当时文化部提出来，各个地方、各个剧种要掀起一个挖掘传统的高潮。广东就从粤剧开始，开办了粤剧传统艺术调查研究班。班主任是聂原、郭建洲，下面就由省文化局、省粤剧院、市文化局、市粤剧团，抽调了十几二十个人，参加这个班的工作，时间有一年左右。这个研究班，开办的时间虽然不长，但工作范围很广，挖掘剧目、整理表演艺术、记录历史资料、观摩演出、整理老艺人回忆资料等等，相当丰富。后来，研究班有一批成果，我认为这批成果是目前我们粤剧界应该非常重视的珍贵的遗产。前面的古人未能做到，后面又很少有人跟着做这些。这批遗产是什么呢，我数出来，当时就整理挖掘了粤剧传统剧目一百三十多个，一共编了二十五本书，叫《粤剧传统剧目》。第二是《粤剧传统音乐》九本，内容包括粤剧梆子、二黄、专曲专腔等等。表演艺术有粤剧排场[①]、木人桩[②]、“大牛炳”的花面功架[③]等等。除此以外，还有几个人，例如我，专门负责收集粤剧的历史资料，当时资料已录出了两本，叫《广东戏曲研究资料选·第一集》《广东戏曲研究资料选·第二集》，所以这批东西就是那一两年研究班的工作成果，非常宝贵，非常难得。所以，这一段工作、学习经历，是我入行的第三个阶段。第四个阶段是20世纪80年代，领导要我负责主编《中国戏曲志（广东卷）》，这个项目是全国的社会科学重点科研项目，全国统一部署，由戏剧大师张庚做主编的。我们这本《中国戏曲志（广东卷）》编了八年，内容包括粤剧、潮剧、琼剧等十三个剧种。时间就从每个剧种有资料开始，一直写到1980年。因为我们这本《中国戏曲志》是一本知识性、资料性很强的志书，从每一个剧种的起源到剧目、音乐、表演、舞台美术、科班团体，甚至到一些文物、传说、书刊等等，全部都包括在里面了。因此，八年的编写志书工作为我更加全面地接触和学习粤剧提供了一个绝好的机会，这是第四个阶段。第五个阶段就是参加《粤剧大辞典》的编撰，还有就是在红线女艺术中心担任《红线女艺术研究》的主编。这个阶段就是我最后努力的工作岗位。如果说自己在粤剧的学习、研究方面有什么成果呢，基本上就是在最后这两个阶段出来的。这大概就是我由出生到读书，到工作，慢慢走上学习粤剧、研究粤剧这一条路的过程。

何　车：很系统的介绍。我这里有两个问题想请教一下你，第一，因为我手头上有你所说的《广东戏曲研究资料选》，之后还会不会继续编下去呢？

---

① 是传统粤剧演出的主要艺术元素，是相对固定的、规范的表演程式组合，能够在相同或相似的戏剧情节、场面套用。

② 是传统粤剧南派武技日常练功用的器具，练功者按照既定套路在桩上演练招式，共有一百零八式。

③ 大牛炳是著名粤剧花面演员，“功架”是表演身段程式。

谢彬筹：没有了，不会编下去了。实际上这两本书从资料搜集到编辑、印刷，就是我一个人做的。

何　车：谢谢你的付出，我现在还经常在用这两本书。

谢彬筹：第一集是史志方面的材料，最重要的是包括外江梨园会馆，那十四块碑帖，另外就是《广东通志》《南海县志》《番禺县志》中有关粤剧的资料。第二集就是自民国时期以来，散见于报刊上的有关粤剧的材料。都是我一个人去找，一个人去编写出来的，当时是内部出版，流传得不广，但有心人的手中还是会有。

何　车：我就不知道为什么我会有的，我也不知道从哪里拿回来的。

谢彬筹：因为那时是20世纪60年代，任何工作，个人都不能出面的，只能够以单位的名称来编印，事实上是我一个人搞的。

何　车：刚才听你说在已发表的资料里面有对两个时期的粤剧遗产和粤剧的传统进行挖掘，一个就是1961年、1962年的时候，另一个是“文革”后，好像是20世纪70年代末，找鉴哥①和老虎佳②他们又搞了一次。这些书目和材料现在还在吗？

谢彬筹：20世纪70年代末，就是粉碎“四人帮”以后，那个阶段叫“正本清源”。

何　车：那时已经有录像了哦。

谢彬筹：那时省粤剧院，包括市剧团注意并进行了挖掘传统的工作，但它的范围没有新中国成立初期的那个规模大。没有一个很完整的计划，还有参与工作的人不是很多。比如说广东粤剧院，就是找罗品超、文觉非、郎筠玉③等几个艺人做一些讲座，找人记录，然后就油印。莫汝城来梳理粤剧牌子、牌子曲的来源等等。市粤剧团就搞了一些该团的沿革、变迁、哪个时期哪个团

① “鉴哥”是粤剧行内对著名演员罗品超的称谓，他原名罗肇鉴，故称“鉴哥”。

② 指著名粤剧五军虎陈荣佳，绰号表演佳。

③ 郎筠玉（1919—2010），著名粤剧演员。

有些什么人、做了些什么戏等等。所以我觉得这一段时期有很多重要的东西，但远远不及新中国成立初期和20世纪60年代的那两次挖掘传统所做的贡献大。

何　车：但我现在上网都找不到20世纪60年代那些资料，省艺研所还有没有这些东西呢？

谢彬筹：20世纪60年代那个，剧目有二十五本。

何　车：现在还在吗？

谢彬筹：就算有也很难找了，刚好那时是“文化大革命”时期，有很多老艺人害怕，所以自动上缴，很多不识宝的人也缴了，缴了就烧了。

何　车：主要就是艺研所还有没有存？

谢彬筹：我们艺研所就没有，这是一个宝。另外有九本音乐唱腔的选集也是一个宝，因为它是最原始的资料，当时所有的那些主人翁都在的，好像《薛觉先专曲集》。

何　车：还有一个这样的呀？

谢彬筹：是呀，还有“专曲专集”，像《香花山大贺寿》《六国大封相》等九本，接着还有讲表演的有四五本。现在《排场集》印了出来，还有《木人桩》《大牛炳二花面功架》等等，这些可能原来省艺研所会有，但慢慢就会被一些识宝的人借走了，去向不明。

何　车：我现在怎么找也找不到，我知道有这些东西。

谢彬筹：现在有钱都买不到这些东西。因为有些人就奇货可居，你想要也可以，看你出什么价钱咯。那二十五本《粤剧传统剧目》，因为那时处于经济困难时期，那些纸一摸就会烂的，所以基本上能够保留到现在的，我估计只有十来二十本。当时印了一千本的。

何　车：印数还这么大呀？

谢彬筹：是呀，但因为纸张等用具太差，所以很难保留下来。

何　车：我觉得这个就很可惜了，真的很可惜。

谢彬筹：是的。

何　车：我近十年就比较注重挖掘这些史料，我知道有这些东西，包括20世纪70年代时我也找不着，只能找到几幅照片。

谢彬筹：20世纪70年代的呢，像罗品超的讲座、文觉非的讲座，这些资料还可以找到，在省剧院的档案室里有，因为那次编完《粤剧大辞典》以后我问莫汝城借过，当时是油印的。莫汝城他自己写的文章，搞那些牌子研究吩，就在他那一本《粤剧源流初探》的小册子里。你刚才说1961年、1962年那个工作成果，我曾经有过那时候的工作报告、工作计划，但现在找不着了，不知道放哪了，有机会我找一找。

何　车：现在越来越觉得这些资料可贵，现在我们都很想找到，也正在做这些工作，包括牌子等等，如果我们在前人的基础上去做，那我们就轻松很多。

谢彬筹：对对对！

何　车：老实说，时间过了那么久，现在我们搞资料的人跟以前的文化水准也不同，可以整理出来的东西也不同，各方面都不同，所以我觉得很可惜。在这里我也插讲一个笑话，去年，我们省有一位文化厅的领导干部和我交谈，我说我们粤剧表演有“耍牙”“吐真血”“喷火”“变面”“打真军”[①]等的传统表演。他突然非常惊讶地讲：“吓？怎么粤剧有这些东西呢？”我心想，哇，你自己专门负责管这一项的，管“非遗”的，你都不知道有这些？作为专业干部，当今太需要像谢老师你这一类学者型的干部、专家。我很欣赏你那一句：你不是粤剧行的。严格来说，我也不是，哈哈哈。因为有个词叫“戏班佬”，它不是贬义的，而是指戏班中人与生俱来的，身上带着的特质，我们一接触这个人就知道这个是戏班佬，这个人由头到尾都是戏班佬。尽管谢老师你接触了几十年粤剧，但绝对没有这种“气味”。有些人就会有的哦，他接触得多，就会有这种“气味”了。所以，由此延伸到下一方面的问题，你不止研究粤剧这个剧种，而对粤

① 均为传统粤剧表演特技。

剧，特别是《广东志》后，你对粤剧的认识比较深刻，难得你能够跳离粤剧的这个圈子去看粤剧，我觉得最难就是这一点。无论学者、研究者、理论者，都是难在这里，他深陷进去就跳不出来了。从另一个客观的角度去看粤剧，因为你比我们接触得多，所以我很想听一下你说的，就是粤剧在全国这么多的地方剧种里面，横向比较，它处于一个怎样的地位。它的影响就不用讲了，“申遗”和《粤剧大辞典》都讲了它的影响。就是说，它与京剧、昆曲，还有和一些新的剧种，比如上海越剧等等去比较，是怎样的呢？如果我们弄清楚它的定位，它的改革、发展才会有比较厚实的基础，如果我们弄不清这一点，我想我们是“瞎子摸象”，永远都还要摸着石头过河。所以我很想知道，从你的角度来看，粤剧发展到现在，它在我们全国的剧种里面的艺术地位，以及它的影响，请你做一下横向的比较。

谢彬筹：这个问题就是我这几天重点准备的，你提得很好。在这个问题之前，我记得提纲里面还有一个提问，就是对粤剧的源流的看法。

何　车：这个问题我也在纠结。

谢彬筹：现在是众说纷纭，我觉得这个问题不管是粤剧界还是学术界，始终都是要解决的。

何　车：这个问题我想插一句，我曾经对着我们一些大学的教授，及对着我们粤剧保护中心的人说：“你们能不能组织一个班子，找一部分人把它作为一个课题，用三年的时间去解决这个问题。就算解决不了，至少搞过专题研究。”

谢彬筹：一鼓作气。

何　车：我觉得很应该做这件事情。

谢彬筹：对！那在做这件事之前呢，我就想简单地谈谈我对这个问题的看法。因为一会要谈的跟粤剧的整体意识有关，关于粤剧的源流问题，我觉得研究这个问题有两个方面是一定要交待清楚的。第一个就是研究粤剧的起源和形成一定不能离开中国文化的大背景。如果完全不理我们中国那么大的地方的文化发展是怎么一种情况，借用余秋雨[1]的一句话来讲就是：“中国的文脉何在”？只说我在哪本书上看到一些材料，说粤剧是怎样怎样来的，这是不科学、不严谨的，也是不能让人信服的。比如说，余秋雨讲的那个“中国文脉”就讲得很清楚，从《诗经》到《离骚》，到汉赋，到唐诗、宋词、元曲、明清传奇，这些艺术认识很一致的，它就是我们中国的文化大背景，任何地方、任何认识、任何艺术都离不开这个文化大背景，所以一定要遵循。

第二个是一定要从实际出发，就是研究粤剧就要从粤剧流行地区的史料、文物、剧目、音乐、表演等等方面出发来理清它的脉络。所以这两点一定要遵循。具体谈到我对粤剧起源的问题的认识，我觉得现在有几种偏向。一种是把一个地方的戏剧活动等同于一个剧种的起源。某本书上说：唐朝，在广东已经有歌舞了，用歌舞演故事，那证明唐朝就已经有粤剧了。这就是违反文化大背景的一种分析。又比如，某个老艺人讲过如何如何，但老艺人讲的是只此一处，没有其他任何的材料佐证，如果把这个作为探索粤剧起源的一种成果，这也是不对的。再有一个是把一些历史材料进行错误的运用，比如有一条到目前为止，我们粤剧界，甚至大学教授，还是引用错的。为什么呢？因为我刚才讲了我负责起草、编辑的《广东戏曲研究资料选·第一集》，就是摘录了《广州府志》的一则材料。那个材料是说“广州有江浙戏子至，必自渭村野，辄谢绝之”。就是说有江浙的戏班来演出，广州人不看，谢绝。这个本来是发生在广州的，现在有人讲它是发生在连山壮族瑶族自治县。因为当时我们印的资料那个排版员弄错了，把这一条列入了连山的材料，所以就成了笑话了，但到目前为止还有人沿用。这一类不查证的态度，是学术研究最不能容许的。就是说你不要抄来抄去，甲抄乙，乙抄丙，丙抄丁，这样一直抄下去，越抄越错。这一条到现在还会错。所以，这些对于粤剧源流研究的态度是不对的。

① 余秋雨，中国著名文化学者，上海戏剧学院教授。

至于现在谈到粤剧的源流，也是没有定论的，众说纷纭。而我觉得有一样东西值得我们去研究和参考，就是我曾经在我的老师王季思写的一篇文章里得到的一些启发，而且至今我也承认他的观点。那是1991年8月，北京师范学院出版社出版的《王季思学术论著自选集（下卷）》一书中的一篇文章《我国戏曲的起源和发展》。1991年，他谈了他对中国戏曲的起源和发展的一些研究成果，这段话比较长，但我觉得对我们今后的粤剧研究很有价值。他说："我国宋元以来，戏曲主要是通过下面三种方式向艺术形式的多样化发展：一种是各地民间流行的说唱或歌舞在当地或外来剧种影响之下，逐步向戏曲形式发展，这些戏曲演出一般带有浓厚的地方色彩和质朴的生活气息，但音乐唱腔不免单调一些，故事内容不免简单一些，往往只能在某一地区流行，如河北的丝弦戏、上海的滩簧戏、闽南的采茶戏、云南的花灯戏等；一种是某些地方小戏在流行到都市以后，在艺术上吸收了其他大型剧种的长处，逐渐发展成为流行国内广大地区的大型戏剧，南宋时期的永嘉杂剧流行到杭州以后，很快就发展成为全国性的南戏，就是如此，近几十年来，嵊县的"的笃班"流行到杭州上海以后，很快就发展成为全国性的越剧；另一种方式，即有广泛影响的大型剧种流行到某一地区以后，吸收某一地区的曲调唱腔，学习某一地区的语言，表演某一地区的人民的生活，使它成为某一地区人民所爱好的剧种，从而在这个地方生根，明代的南戏流传到福建之后出现了闽南戏，清代的皮黄戏流传到广东之后出现了粤剧，都是它的历史印证。"我老师王季思在这篇文章里对中国戏曲起源的三种情况进行了三种分析，其中第三点谈到我们粤剧，我认为，依我这辈子所学，我认同王季思老师的观点。至于具体到对粤剧的形成和起源的看法，这里没必要谈得太详细了。王季思老师已讲到一些剧种形成的基本要点了，这个剧种形成的时间不是越古老越好，要实事求是。因为正如我前面提到的，有两点要注意，一条是照顾好文化大背景，一条是根据实际，所以不是越古老越好。那关于粤剧在何时形成，我的看法是大概在清朝道光至同治之间形成的，距离今天大概不到二百年。因为京剧是国粹，也是皮黄剧种[1]，它的形成在乾隆年间，徽班进京演出之后才有的，它一天两班期左右。所以不是哪个剧种历史时间长就哪个剧种厉害。京剧可以说是最厉害的剧种，是国粹，它也不过是两百多年的历史。

我认为粤剧的形成，应该具备几个方面的标志，一个就是粤剧应有传播影响力，可以追溯它的起源，这个影响包括国外的影响和国内的影响。粤剧是比较奇特的，它的形成的时间不算长，它的艺术成就与国内的一些剧种比较，不如别人的高。比如说京剧，它比较程式化，严谨性、规范性强；又比如川剧，它也有特色，特别是丑角；再比如上海越剧，它比较贴近生活。所以我觉得粤剧比起其他剧种不会强很多，这纯属是个人意见。但为什么粤剧也有它存在的价值呢，刚才提到的“申遗”，堂堂国粹京剧都未入围，昆曲是第一个入围的，粤剧是第二个入围的，原因何在？我记得当年我和何车老师一起，不知道你是否记得，就是北京那班专家过来叫我写材料，黄斌[2]要我们几个人谈一谈粤剧有什么可以“申遗”的条件，当时我的大多数看法，现在还坚持，有些我有所修正，特别是我现在有一个新的理由，要谈这个问题。

这两三年，我们党中央也好，领导人也好，在很多讲话里都提到一个词——“自信”，制度要自信，理论要自信，道路要自信，文化要自信。为什么要提“自信”这两个字呢？我认为这两个字包括了瞻前顾后，继往开来的意思。就是说你一定要有自信，过去我们有好的东西也有些不足的，要想想后面的路该怎么样走。将过去好的东西发扬，把不好的东西克服，继往开来，所以我觉得自信是包括这些意思。说到文化自信，我觉得要适应粤剧，那就要谈对粤剧的总体认识、分析，我觉得谈这个问题很有价值。粤剧要自信，今天的粤剧界要自信。这个自信，我觉得最

① 以二黄腔及西皮腔作为主要腔调的剧种，如徽剧、汉剧、京剧、粤剧、湘剧、赣剧、桂剧等。共同特色是以胡琴为主奏乐器。

② 黄斌，时任广州市文化广电新闻出版局艺术处副处长。主要负责粤剧申遗工作。

主要包括两个方面，一个是一定要看到我们粤剧自己的优长之处，有异于旁人之处，特色之处。同时，你也要看到粤剧自身存在的不足。长处和不足应该从实际出发，不要有一些公式化、概念化，或贴标签等等的东西，实事求是。粤剧要自信首先要考虑它的优长。我觉得如果从领导的高度来讲，粤剧有两种传统优长和特色的地方，一种传统叫精神传统，第二种传统叫艺术传统。精神传统和艺术传统，或者叫意识传统和技术传统，又或者叫理论传统和实际传统，我觉得由这一对关系就说明我们粤剧有这两方面的东西要认真琢磨。粤剧的精神传统优长之处何在，我个人总结了大概几个方面：第一，粤剧富有斗争性。因为我们追溯粤剧的起源一般都是从“外江班”和“本地班”[①]的分野讲起的。“外江班”是当时官府扶持的，可以在城市演出，而“本地班”是流动于民间的，只能够在乡里演出，这里就很明显存在一种扶持和歧视的区别。那些“本地班”为什么比“外江班”厉害，战胜了“外江班”，是因为它有一种斗争性，有一种顽强的生存意志，虽然它没有官府扶持，但在民间流传，在剧目、技艺、组织形式等方面都能超越“外江班”，接近广东老百姓和珠江三角洲风俗民情，胜过“外江班”。所以，后来“本地班”赢了，“外江班”退出去，“本地班”就成为广府大戏粤剧的主力，这就是斗争性。

到了辛亥革命的时候，广东是民主革命的策源地，孙中山、康有为、梁启超提出改良、变革，粤剧就举起改良的大旗，响应这种变革，配合民主革命宣传，大批的演员、大批的时事新戏、大批的志士班涌现出来，斗争就更加高级了，就是配合革命斗争的。再说后来20世纪三四十年代，粤剧又有一个斗争，跟谁斗争呀？跟电影斗争，因为当时外来文艺形式慢慢地传入，那不是地方戏曲粤剧能一统天下的哦。电影作为一种新的形式，票价便

---

① 由外省籍艺员表演外省戏曲的戏班，广府民间统称“外江班”。反之，由本地人当老板组建，由粤籍艺员表演粤剧大戏的戏班，广府民间称之为“本地班”。

宜，市价又适宜，老百姓又觉得新奇，它就抢了很多粤剧观众，那么粤剧怎么战胜电影，怎样战胜其他的艺术形式？当时马师曾[①]就讲过一句话：“粤剧要和电影争一场胜利。”就是我们要想办法赢他们，结果真的赢了，后来形成了“薛马争雄”[②]，班底、剧目、演员、舞台装置、音乐、唱腔等等，都有一番特色，这又是一次斗争，它有斗争性，它为了生存、发展而斗争。所以，粤剧的精神传统的第一点斗争性最重要。

第二，粤剧的包容性。兼收并蓄、古今中外，凡是粤剧界认为可以用的东西，都大胆地拿来用。刚开始可能不是很像样，不是很适合，但玩着玩着就像了，就会跟其他的原声融为一体。它这种变革好像没有什么外在性因素压迫它这样做的，不是领导要求它那样做的，是它自己为了适应演出市场，适应观众审美情趣，自然发生的，这是和有些剧种不同的。比如梅兰芳[③]、程砚秋[④]、周信芳[⑤]对京剧进行改良，但是当时是有一班大文豪帮手，指挥着他们做的。我们粤剧不单是老倌，下层、一般的人都亲自来做，所以我觉得粤剧的包容性也是比较突出的。剧目包含了中外古今、天文地理，如外国的小说、电影、戏剧、民间传说、神话故事等等，无所不包含，什么都可以拿来改，这个就是包容了。我们中西乐队结合，引用的西洋乐器是全国各剧种中最多、最丰富的，这就是一种包容，对传统形式的发展。舞台艺术也是如此，星、光、电的运用，你说哪样不是艺术的融合呢？就是当时我们的舞台艺术吸收了东西方、古往今来的很多东西，所以很新奇、很特别，别人喜欢、愿意接受。

---

① 马师曾（1900—1964），20世纪三四十年代著名粤剧演员。

② 20世纪三四十年代由薛觉先领衔的觉先声剧团与马师曾领衔的太平剧团，为争夺演出市场而进行的艺术竞争，为香港的粤剧发展造就了空前的繁荣。时称“薛马争雄”。

③ 梅兰芳（1894—1961），著名京剧表演艺术家。

④ 程砚秋（1904—1958），著名京剧演员，专工青衣。

⑤ 周信芳（1895—1975），著名京剧表演艺术家。

第三，粤剧很强调观赏性，即粤剧要好看、好听，这个始终是我们粤剧追求的目标。如果它不好看、不好听，观众就不喜欢了，所以它适应演出市场，适应大众审美。这个跟我们广东人的特性有关，就是广东人对生活有一种要求，或者说对生活的一种感受，就是要闲适，比如说喝早茶，为什么喝整个上午都不会厌烦呢，因为喜欢聊天、交流、互通信息，在一种闲适的过程里就获得所需要的为人处世的信息，他们觉得很舒服。好看、好听也是闲适的一个重要内容，虽然他出钱买票进戏院，坐两三个小时，但唱得挺好哦，甚至他也想学唱，或者是那个小武做“挞烂枱”[①]，够“火气”[②]哦。所以他觉得这就是他想要的闲适，就是觉得舒服，并没有很高的要求，也不想高台教化，就是追求这种观赏性，这就是我们粤剧符合广东人生活特性，形成的一种精神传统，这是第三点。

第四，广泛的传播。在咸丰年间，粤剧戏班到了美洲、欧洲，后来到了东南亚，这种传播是粤剧戏班一种优良的精神传统。拓展自己的业务范围，扩大自己的艺术影响力，事实上现在已形成了粤剧有异于其他剧种的一种特色。在国内演出，民间戏班、商业演出等，京剧都没有我们粤剧活跃。粤剧是有广东人的地方就有“私伙局”[③]，他们学唱、学演粤剧，这就是一种广泛的传播，这也可以成为粤剧的一种精神传统。回过头来讲要自信，要承认和赞扬我们有这些好的传统，要学习、继承和发扬这些传统。

粤剧的第二个传统叫艺术传统，或者叫技术传统，或者叫实践传统。我曾经做过一个归类，粤剧有十个方面的优长，第一是剧目众多。香港有位专家梁沛锦统计过，我们粤剧的剧目有两万五千多个，事实上应该没那么多的。

---

① 传统粤剧表演特技，后引申为对舞台上表演精彩武戏环节的统称。

② 指演员表演富有激情。

③ 特指广府民间以曲会友形式的私人小型业余艺术交流聚会。现凡以非营利为目的的业余粤剧、曲艺社团活动，均可纳入私伙局的范畴。

何　车：有些是同一个戏，不同名字而已。

谢彬筹：是的。有些是同戏异名，以讹传讹，有些是实际不存在的，除了那些水分之外，一万几千个是有的。因为当时一个戏班做一个台期，每天要换新戏，一个台期就六七个戏了，一年算下来，你说有多少呢？所以粤剧的剧目比京剧要多，京剧有堂会，正所谓“唐三千，宋八百”，但粤剧不止这个数，我们有一万个以上的戏。所以这是我们粤剧的一个长处，可以从中发掘到一些人文性、民主性精华的剧目，可以整理出一些优秀的剧目。第二是音乐优美。讲到粤剧唱腔、音乐优美，秦牧[①]讲过两个事例，他说有一次大概是粉碎“四人帮”之后，20世纪80年代初期，他参加了一个会议，与会的都是大学校长，当时因为刚刚粉碎“四人帮”，很多传统戏还未恢复，新的剧目又不多，吃完晚饭后的空闲时间，大家只能够听广播里的歌曲，而戏曲广播就是其中一个重要的内容。当时一班大学校长坐在一起聊起来的时候就说听来听去都是那个红线女唱得最好听，这个是粤剧音乐。大学校长属于精英阶层、高级人士，他们都说这么多戏曲，京剧、粤剧、上海越剧、黄梅戏、川剧等等，最好听的就是红线女的，说明粤剧唱腔、音乐优美。第二个例子，秦牧家里有个保姆，北方人，她在广东没有亲戚，闲着的时候就是听广播，最喜欢听粤剧，听红线女唱曲，这两个例子在为红线女写的传记里都有写到。这两个小例子，说明粤剧音乐是很优美的、好听的。第三是表演丰富，粤剧从古至今有表演的东西，有体验的东西；有写意的东西，有写实的东西。它比其他剧种更多写实化，从电影、话剧、歌剧等其他艺术形式吸收了更多的表现手段，红线女这位艺术大师的生平就能说明问题，她吸收了很多别人的东西，所以她表演比较丰富。我们传统的技艺就有很多，排场、南派武功等等，具体的表演程式、表演技巧，如“耍牙”“吐真血”等。还有一些技艺是其他剧种没有的，如“过山”[②]——一条大竹竿架

① 秦牧（1919—1992），著名作家，《羊城晚报》原副总编辑。

② 传统粤剧表演排场。

着两张椅子，小武背着花旦，爬来爬去，爬上爬下，这个不单要靠粤剧的基本功，还融合了好多杂技技艺，等等；又如“三上吊”[①]，就是现在的魔术；“吊辫”[②]，吊着辫子在舞台上表演，头发不掉，花旦也面带笑容；还有那些专属排场，如《穆柯寨》的“洗马”[③]、文觉非的“配马”、《青竹寺》的“打和尚”，等等。所以粤剧的表演丰富是一个长处，这是第三。第四是流派纷呈，粤剧的流派比较多，过往的“薛马桂廖白”[④]，如果你拿流派的标准来衡量，特别是新中国成立以后又有新的流派，陈笑风、罗品超、郎筠玉、罗家宝等等，所以我觉得流派比较多，而且能够广泛流传，这也是粤剧的一个长处，这是第四。第五是舞台华丽，这个舞台包括舞台装置、舞台设计、服装道具等等，粤剧的舞台是比较赏心悦目的，上海的连台本戏是由广东传过去的，这是有文章为证的，而且这不是一般的文章，是《中国近代戏曲史》这本史书记载的，它还讲到梅兰芳的剧团，有一段时间的服饰，都是在广东订制的。可见广东的这些“顾绣”“粤绣”和戏服是多么受欢迎。

何　车：最近越秀区也出了一本书，是专门讲广州戏服的，里面就不单讲梅兰芳了，说是慈禧太后时期，京剧的各剧团就已经在广州状元坊订戏服到北京演出。

谢彬筹：所以说，舞台华丽也是粤剧的长处，这是第五。第六是兼收并蓄。粤剧很大胆，《国际歌》都可以拿来编进粤剧的唱腔里，哈哈，还有《东方红》。因为粤剧吸收的东西刚开始不会很自然，不会很融合，但慢慢积少成多，由粗到精，慢慢就会很和谐，这是唱腔、音乐方面表现出来的。曲牌、板腔、民歌、

---

① 传统粤剧表演特技。

② 传统粤剧表演特技。

③ 粤剧传统表演排场。

④ 20世纪三四十年代，粤剧界涌现出了薛（觉先）、马（师曾）、白（驹荣）、廖（侠怀）、桂（名扬）五大表演艺术流派。

小调的那种连接、那种演唱、那个自然，真的是很多剧种比不上的，这兼收并蓄又是一个特长之处了。第七是地方特色、剧种特色相对鲜明。虽然说粤剧是皮黄剧种，但在所有的皮黄剧种里，粤剧是独树一帜的，不管剧目、唱腔、表演、武打，甚至我们的“龙套”等都跟别人不同，所以特色鲜明。很多戏写的都是我们广东的事，比如《疍家妹卖马蹄》这个戏，本来是很平常的一件事，它可以演一场大戏，“疍家妹”就只有广东才有的，是对水上人家姑娘的称呼，“马蹄”[①]是广东佬才这样叫的。

何　车：呵呵，是的是的。

谢彬筹：所以说广东佬这些戏相比皮黄剧种的其他戏，肯定是特色鲜明。还有《盲公[②]打靶》《盲公乞米》《阿兰卖猪》等等，这些都是很生活化的，这些都是我们广东人原创的，甚至有很多是“天光戏”[③]里出来的，属于即兴创作，所以说是地方特色鲜明。第八是粤剧的演出市场也有自己的特色，现在还有春、秋二班[④]。过去是过村串乡，红船流动，珠江三角洲夜夜歌舞升平，日日锣鼓喧天，所以说演出市场也是与众不同的。第九是粤剧有古戏的遗传，就是古代戏剧的遗传，特别是通过一些例戏、一些古腔可以看到原来中国戏曲和我国的文脉在粤剧身上的一些反映。好像《思凡》原来是昆曲来的，昆剧被称为“戏剧之母”，那我们粤剧从它那里吸收的东西是现在能看到的，琼霞演出的《思凡》也能体现得到。第十是商品传播。粤剧从乡村流入城市，进入剧场，它那种商业性一直是比较突出的，后来还发展成商业化，是被人批判的。所以我觉得从粤剧自身的艺术形式来

① 指荸荠，以球茎作蔬菜食用。

② 广府俗语，指失明的男人。

③ 指通宵演出的戏。

④ 按传统习惯，演出团体下乡演出一般分为春班和秋班两个演出高峰，在农历腊月至来年正月间的演出称为春班，而中秋至重阳间的演出称为秋班。“过年看大戏”是珠三角及粤西乡下观众的一个年例习俗，所以各剧团都非常看重春班的演出。

分析，横向比较其他剧种，这十个方面是它的长处和特点。

但是，粤剧这个传统艺术存在好的方面，也存在不足的、欠缺的方面。谈到这个问题，好像得罪了我们粤剧界的“叔父”①。看现在这个社会那么开明，有些东西也不妨讲讲，大家研究研究，讲得不对的完全是个人意见，不代表任何一方。

何　车：无须顾虑。

谢彬筹：讲到粤剧有什么欠缺，有些什么不足，要从整体来讲，由古至今形成的，我觉得算起来也有十个方面，我也不是粤剧中人，我只是粤剧的学习者，所讲的也只是自己的一些体会、一些观察所得，那就姑妄言之，提供参考。第一个不足，粤剧，特别是近代、当代粤剧，受政治因素约束太大，特别是广东，你年轻就不太知道，但上了年纪的人就知道，过去老是去中山纪念堂听报告，无论书记或省长都无一例外。

何　车：这些也听得多了，哈哈。

谢彬筹：广东邻近港澳，受港澳的影响是很大的，“商业化”“殖民文化”等词经常听到并受到批判，由于政治影响、政治运动等各种压力，所以我说近代、当代粤剧存在一种精神上的羁绊，附庸政治、运作迟滞，不管是整理传统、书写现代、编演历史剧都要看领导的眼光，领会领导的要求，须配合当时的政治运动的方向。你离不开这些东西的，你一弄出来需要经过领导审查，领导现在不是要宣扬这些，要的是另外一些，那你就通不过，你就没有演出的机会了。所以它附庸政治，运作迟滞。你想想，新中国成立后所有大的运动，粤剧界人士都是难逃劫难的，每每坐牢的有，被开除的也有。本来艺术是最尊重独立思考，强调独创性的一种形式，结果变成了无所作为，所以我觉得这一条是值得粤剧界重视的一个不足之处，这个甚至影响到现在。我很大胆地提这个问题，大家研究一下，就是说这么多年全省、全国评奖，我们在全国能够拿得出，让全国戏剧界同行公认的剧目有

① 原是三合会内对辈分较高、资格较老的人的称呼。后来逐渐形成对戏行内长辈的敬称。

多少，你不能自吹自擂，你自己讲自己有多厉害也没用，全国还有三十多个省、市、自治区、直辖市，要整个戏剧界也认可你，都佩服你才行，这里我有一个例子。这几天我看了两本书，这两本书都是中国艺术研究院张庚主编，一本是《当代中国戏曲》，一本是《当代中国戏曲史》，这两本书把近代以来全国的戏剧剧种所有的活动、资料都记录下来，那艺术研究院是戏剧界最权威机构了。两本书提到的广东粤剧只有三个戏，分别是《搜书院》《关汉卿》《山乡风云》，这些都是近代戏，当代的一个都没有，其他省有，广东的没有。那如果你说别人不写我们的剧目，不公平。但别人是从别人的角度来看，他是不写你呀，因为你的不算厉害，不是全国公认的。那本书写的粤剧名演员就有马师曾、薛觉先、红线女、白驹荣，就是这几个了。

何　车：《中国戏曲辞典》里也是这几个。

谢彬筹：是的。所以，如果说要和其他剧种进行比较，粤剧真的要过长江、跨黄河，得到全国认可才行。老是跟着政策、政治路线走，很多时候就是说教。从这个运动中脱了身，那个运动又来，还有什么心思去搞艺术创作呢？还有什么机会去搞独创呢？那时是不敢，因为不那样做就要面临开除、劳改、坐牢、下放农村，那是很惨的呀，生活没出路，还谈何创作呢？所以这个应该是我们粤剧界必须重视的问题，也是领导应该反省的，你不要把太多的要求、太多的压力给那些大老倌和粤剧工作者。这个是我私下思考得比较多的一个问题。

第二个不足是粤剧改良的后患，重“破”轻“勘”。这是讲艺术建设。辛亥革命时期，我们粤剧界为民主革命做了很多事，写了很多改良新戏，但那些剧本现在看来都挺差的，那些故事大体上都是差不多的，最突出的是演说，为了配合辛亥革命，不管是小生还是花旦都演剪辫，围绕剪辫讲一大段。又如讲吸鸦片有什么害处，又讲了一大段，就是用说教来代替了艺术。再有一个，为了宣传和配合运动，就讲求快，而忽略程式、表演。所以它的改良是配合了革命，鼓吹了民众，但留下的问题就是艺术建设跟不上。改良的戏，既然内容是新的，那形式上也应该有所变化，要有一些新的东西补充上去，但基本上是没有补充，所以就造成了我们粤剧改良新戏以后，就是说辛亥革命以后到20世纪三四十年代那段时间，抱残守缺，没什么新的东西，没什么有建设性的东西，反而不规范的东西很多，这是第二个不足。

第三个不足是粤剧缺乏一种私有的交集，所以它的艺术建设是无规则、无计划的。比起京剧，它有几点是比粤剧做得更成功的，例如慈禧的内庭有一个“升平署”①，专门管京剧演出的，从剧目、演员到俸禄、规例，都是由它负责。进入了皇家管辖，那就要求很严格，很规范，稍有差池，就说要砍头，所以对艺术的态度很严谨，有基本的程式、规范。升平署后来还列准一些演员，譬如谭鑫培②等可以在宫内行走，好像官员一样，可自由出入皇宫，地位不同一般，所以不要看轻他。虽说是在封建社会，但这种管理确实对艺术成长有帮助。另外就是京剧有很多很有名气的科班，萧长华③任教的富连成④，焦菊隐⑤创办的中国戏曲专科学校，人家是真真正正经五年、七年、九年那样练基本功、学戏的，很规范。所以一批又一批的大老倌从那里出来，传承了国剧艺术。再有就是很多京剧老倌旁边都有老师。

何　车：文人。

谢彬筹：是的，文人雅士。那些老师手把手地教他们，帮他们写剧本，还给他们分析表演，讲解艺术规范，等等。比如程砚秋与罗瘿公⑥，梅兰芳与齐如山⑦，这些都是大文人，齐如山是美国

---

① 清代掌管宫廷戏曲演出活动的机构，称南府，始于康熙年间。

② 谭鑫培（1847—1917），著名京剧演员，专工老生行当。

③ 萧长华（1878—1967），著名京剧丑生演员，原中国戏曲专科学校老师。

④ 创办于1904年，是京剧教育史上公认的办学时间最长、造就人才最多、影响最为深远的一所科班。

⑤ 焦菊隐（1905—1975），中国著名戏剧家和翻译家。

⑥ 罗瘿公（1872—1924），诗人，京剧剧作家。

⑦ 齐如山（1875—1962），著名戏曲理论家。

的博士，从美国留学回来的。所以京剧的大老倌身边有这些文人在身旁教他们，社会关系也广阔了，通过这些老师，可以接触到银行买办、政府官员、大学教授，并参与聚会。通过这些，京剧老倌的境界、素养提高了。我们粤剧界却没有这种环境和氛围，我们那些老倌不是科班出身，只是受教于“教戏馆”，为谋生的。

何　车：粤剧有一个奇怪的现象，凡是“扎”的那些都不是科班出身的。

谢彬筹：马师曾、薛觉先都是半路出家的。

何　车：陈笑风也是，十九二十岁才学戏的。

谢彬筹：所以粤剧的文人老师也数不出多少个，杨子静也只是编剧，不属于那一类。所以这一条也是我们粤剧有一些欠缺的地方。

第四个就是对艺术的传授有些零散，基础不扎实。薛觉先是唱腔厉害，马师曾也厉害，但真正和京剧的程长庚[①]等演员比就比不上了，他有一个方面的特长，但其他方面也不弱。所以说，这些粤剧演员在艺术修养方面的基础本来就是薄弱，因此其舞台艺术的整体和各方面的全面发展就受到影响，我觉得这也是一个不足的地方。再一个就是粤剧界在新中国成立之前，那种“收得”[②]思想太浓，后来中央的领导批评我们粤剧商业化，也是有一定道理的。就是说你为了“收得”就不管三七二十一，怎样受观众欢迎就怎么来，将那些剧目粗制滥造。表现又乱七八糟，舞台上那些机关布景让人看到都害怕，老担心有什么掉下来，艺术创作不是从欣赏的角度去考虑，何来艺术欣赏呢？再说那些电光布景，听说演员的戏服挂满灯泡，十几斤重，不知道动哪个开关，一触电就会死亡的，演员本身就害怕，观众也害怕，那你说谈何艺术呢？我觉得这些都是过度的商品化，商业化是一种危害，演员也很难谈得上艺术创作，追求艺术顶峰。再一个就是不

① 程长庚（1811　1880），清朝同治、光绪时期声名显赫的京剧演员。

② 指有舞台效应，能保障票房经济收入。

要忽视我们粤剧在新中国成立前三十年的那种社会背景，包括社会政治、社会经济、社会文化、外来势力等方面对粤剧编剧、艺人的那些不良影响，这些事实上是存在的。过去批判粤剧的时候举了好多例子，就是说粤剧的编剧佬在茶楼里喝茶，两餐茶的时间就可以编出一个戏了，很多是闭门造车。

何　车：拿张烟纸哦。

谢彬筹：是的，用张烟纸写提纲。最重要的是他分不清在那个半殖民地半封建社会，哪一种思想意识是应该提倡的，哪一种东西是应该鼓励的，哪一种东西是要抛弃的，较少编剧有这种辨别真善美与假恶丑的能力，所以很多戏就是非不分，善恶不明。这类戏无形中对观众不是一种教化和娱乐，说得难听一点是一种毒害。后来在粉碎“四人帮”之后，20世纪80年代初期，这种情况也有出现过，那时候翻箱底嘛，有些戏都不经过整理就照搬出来。所以这些东西就说明存在不足，应该意识到这个问题。再一个就是粤剧发展有所偏颇，重唱轻做，唱腔音乐重视了，但表演就越来越差，特别是文武生，粤剧演员应该要能文能武，文武兼长，但现在什么都不是，和我们那种整体美的要求就差了好远。所以，我觉得这个“重唱轻做”就造成了很多“活动衣架”“跛脚画眉”[①]，只是会唱，表演时就像木头一样站在那里，穿上新衣裤，但跟人物的性格相去万里，这些现象是存在的。所以，我们继承和发扬粤剧艺术的优良传统之外，还应该回过头来，由古至今，盘算一下我们还有些什么不足，还有什么欠缺的，那样才能真正继往开来，不然好的不知道，丑的也不知道，这对于粤剧发展是不利的。这些就是我要回答你的，关于粤剧与其他剧种的横向比较非常浅的认识，如果有得罪人，那对不起了。

何　车：不是的，不是的，我觉得这是真知灼见。还有一个问题想向谢老师请教一下，交流一下，就是延伸你刚才说的那几

---

① 戏班歇后语“跛脚画眉——唱得唔打得”，画眉鸟既有人用来斗雀也有人仅仅是欣赏它婉转的啼声，但跛脚了就只能唱不能打了，这里指某些演员只擅长唱不擅长武戏。

个话题，有样东西我觉得粤剧是走在前头的，究竟是长处还是短处我不知道。现在很流行讲改革和创新，台湾有一个京剧大腕和北京的一个京剧演员讲："京剧不能够提改革，改革就不是京剧了，京剧可以搞创新，改革和创新是两码事。"在广东，特别是粤剧，改革创新是一种热潮，比较时兴，因为广东是改革的前沿阵地，我们走得快、走得远，在这个改革的背景后面出现了很多离经叛道的事情，粤剧在20世纪三四十年代已经是这样的了。所有的改革都跳不出20世纪三四十年代商品化的招数，电灯泡、挖水池等，都跳不出那个范畴，这种现象现在还在继续。那对于这些，你有什么想讲的呢？

谢彬筹：你这个问题就难倒我了。

何　车：呵呵呵。

谢彬筹：不是我不想讲，因为我1996年退休，退休没多久就患了心肌梗死，你们市剧团或省剧院的那些新戏，十有八九我都没看过，大概看过《睿王与庄妃》《南唐李后主》，后来那些就一个都没看过了。

何　车：你说的那些没改革得那么厉害，我指改革的是《花月影》，那些呢？

谢彬筹：没看过。欧凯明、崔玉梅等，我知道他们的名字，但他们的戏我一个也没看过。省剧院那些我也没看过。

何　车：省剧院就是《风云2003》。

谢彬筹：我没看过，所以没调查、没观赏、没发言权。没有给我票怎么去看呢？这个问题对不起了！

何　车：呵呵呵。还有一个问题，几十年了，虽然你不是戏班佬，但你认识很多戏班佬、演员，不算红线女在内呀，给你印象比较深的，或在与这人的交往中令你有感触的有哪些呢？

谢彬筹：这个问题我原来有准备，想讲红线女的。

何　车：哈哈哈。

谢彬筹：因为我接触得最多的就是她，从1998年开始就在她那里做《红线女艺术研究》的主编，我不会唱、不会演，也很少跟剧团去演出，跟其他的那些老倌就极少接触，跟关国华[1]有些接触吧，其他就真的很少了，所以谈不了什么感触。

何　车：女姐的情况就多些。

谢彬筹：是的，以前已讲过了，要不要我再讲呢？

何　车：呵呵呵，不用了，以前已经有资料记录了。在这里，我个人希望谢老师你要好好爱护身体。

谢彬筹：多谢多谢！

在"纪念红线女座谈会"上时任广州市文化广电新闻出版局副巡视员徐彬（左）为谢彬筹（右）颁发证书

何　车：刚才我知道你还在看一本那么厚的书，我很高兴。因为我不敢说整个戏曲界，我只说粤剧界，现在太少太少像谢老师这样的人了。

谢彬筹：呵呵呵，哪里哪里。

何　车：真的，我不是讲恭维的话，我觉得你能站在粤剧外一段距离去看粤剧，看戏曲。为什么说现在很少你这样的人呢？因为像你刚才提到的齐如山等，他们是研究艺术的，但他们都不是圈中人，所以他们研究得比较透彻、比较清楚。我们粤剧太缺

① 关国华，广东省粤剧院演员。

这样的人了。其实你刚才说粤剧的不足之处，缺这些，缺那些，我认为最缺最缺的是两个字——文化，只有粤剧界整体的文化水平提高，整体的素质才能提高，上述的那些问题才能迎刃而解。今天感谢谢彬筹老师给我们上了一堂很深刻的课。

谢彬筹：呵呵呵，客气客气！

何　车：现在外面有些讲座我真的不敢听，我们“识少少，扮代表”，看三两本书就写史，睇几个戏就去大学开讲座。其实搞理论研究，真的要耐得住寂寞，能认真坐下来才行。这次非常感谢我们谢老师。谢谢！

谢彬筹：不客气，不客气！

谢彬筹（前排右）、何车（前排左）与《访谈录》编务组工作人员合照

访谈感悟

非常幸运能聆听谢老师的访谈，真有一种相见恨晚的感觉。在他质朴的外表下，我们深深地感受到，一位老广府人对粤剧文化的眷恋之情。而且难得的是他能将自己对粤剧的喜爱融入自己的日常工作中，为广东粤剧的研究、发展、推广积累了丰富、珍贵、权威的研究成果。他的论著，文笔顺畅、文风朴实、分析到位、评价准确、有深度、有新见。他的评论，有实事求是之意，无哗众取宠之心，不故作高深，笔笔分析清晰明确。谢老师在访谈中对粤剧做了全面的概述，既从历史发展的角度，又从具体的、有特色的剧目和事件中出发，进行了深入的阐释，并由此对促进粤剧的发展提出赤诚的见解，令人听来深受感染，更让我辈深感在传承、推广优秀传统文化道路上肩担的重任。

梁嘉琪

访问日期：2014年6月10日
访问地点：广州粤剧大院
受 访 者：吴宝志
笔录及整理：区子珩

『荆棘艺途我自行』
——吴宝志访谈录

吴宝志，广东中山人，曾担任粤剧演员、导演。自幼跟随白玉堂在戏班当“手下”，后在珠江剧团跟随罗品超，习小武行当。20世纪50年代起，先后主演《平贵别窑》《双枪陆文龙》《怪侠一枝花》等戏。后转演丑生，他塑造的《十五贯》中娄阿鼠的生动形象，深入人心。吴宝志有丰富的表演经验，进入中年后导演过多部粤剧，曾与人合作执导《万水千山》《粤海忠魂》《兰苑恩仇》等戏。20世纪90年代起，他独立执导了《无情宝剑有情天》《宋宫红鞋女》《文武香球》等戏。

何　车：你好，仔哥！欢迎你。

吴宝志：你好。

何　车：今天非常感谢老朋友来与我们交谈，其实我想跟你这位老朋友倾偈，也算是后辈向你求学。

吴宝志：你谦虚了。

何　车：大家都叫你“仔哥”，为什么这样叫呢？

吴宝志：这是我的乳名。

何　车：是什么原因改这个乳名？

吴宝志：其实只是阿妈的叫法，阿仔、阿女之类的称谓而已。

何　车：哦哦，那吴宝志这个名是你的原名还是艺名呢？

吴宝志：我原名叫吴唯春，是唯有春天万物生长，才有生机的意思。因我小时候经常生病，我父亲为我取名“唯春”。

何　车：这个名不错啊。

吴宝志：后来我跟了白玉堂[①]做戏。

何　车：你为什么想要做戏呢？

吴宝志：日伪时代父亲病逝，我们三兄妹都是由母亲照顾，家里穷，难以维持生计，我只有到戏班趯兵[②]。

何　车：寡母婆带着三个仔女，揾食的确艰难。

吴宝志：那时我在澳门，日伪时代很多戏班都云集到澳门。

何　车：因日本没有打澳门，戏班到澳门实际是避难。

吴宝志：家穷就只能到戏班趯兵，起码可以两餐无忧。我就是这样入行的。当时与我一起的还有何锦泉[③]，现在已经去世了。

何　车：哦，是何泉（惯称）。

吴宝志：当时他是“手下”，我是堂旦，所在戏班叫太上剧团。

---

① 白玉堂（1901—1994），20世纪三四十年代著名粤剧小武，有“小武状元”之称。

② 粤剧舞台术语，指在舞台上担当“手下”的职能，故又称“趯手下”。

③ 何锦泉（1930—1997），粤剧演员、粤剧研究评论工作者。先后在广东粤剧团、广州粤剧团担任主要演员。后在广州市文学艺术创作研究院负责粤剧研究工作。

吴宝志：文武生是文觉非、武生是靓次伯、正印花旦是卫少芳[①]。

何　车：“轰炸机”，大“朵”喔，哈哈。

吴宝志：当然全部是大“朵”，日伪时代，大家都避走澳门。记得我1933年出生，十二岁入行，1945年准备光复时我在剧团趯兵。

为什么入行后我跟白玉堂？是有一段历史的。那时候澳门出现很多“神童”[②]，陈少棠那时都是神童。他的年纪比我还小，但我已经看他演出《举狮观图》了。当初是我妹进戏班学戏，我反倒没有学。因为拜师要付酬师费[③]，故要慎重考虑拜谁为师父。她最后决定拜新丁香耀为师，一同拜师的还有白玉堂的女儿，后来她（白玉堂女儿）转做电影，名叫尤敏。由于学戏时没有男演员，故新丁香耀要求我扮演杨宗保，因此我就认识了白玉堂的女儿。光复后所有戏班都撤离澳门回到香港、广州。澳门就没有戏班了，于是母亲就把我带回广州，她建议：“不如你找三叔[④]，在他的班中趯兵吧。”于是我们到文昌路耀华大街登门拜访白玉堂，想让三叔带我们进班。白玉堂的妻子就为我们兄妹改了名字，我叫吴宝志，而妹妹则叫吴宝仪。从此就跟了白玉堂做戏，我们都称他“三哥”。

就这样我继续趯了四年兵，直至新中国成立。1949年白玉堂不能再带我了。因为别人说他是地主，耀华大街的人屋也被没收了，所以他要到澳门。其实他是有点冤枉的，他对我说：“我一年的演出，只是用半年的工资买了二十亩[⑤]地。”

① 卫少芳（1908—1983），著名粤剧女演员，原名卫爱珍。20世纪30年代曾被誉为粤剧“四大名旦”之一。

② 特指粤剧舞台上担任主角的少年演员。

③ 旧戏班收徒必须订立师约，徒弟学成出台后，师父可根据师约获取徒弟演出收入作为酬师费。

④ 指白玉堂，因白玉堂排行第三，故粤剧行内尊称其为“二叔”。

⑤ 亩，地积单位，1亩≈666.67平方米。

何　车：他是花都人啊。

吴宝志：对啊，他是花都毕村人。他认为自己并不是剥削者，故一怒之下去了澳门。他走了自然就没有人带我了，当时我只有十六岁。刚好有一个叫“大前程”的戏班，由黄千岁[①]和郎筠玉担纲，“边”是文觉非，我就去做了一个月。当时每个剧团都有足球队，我代表大前程剧团出去踢足球，球场上有罗品超、文少非、少昆仑等名角。罗品超对我说：“阿仔，大前程散班了，你不如跟我，过来珠江剧团吧。”就这样从1951年开始跟罗品超，一直到后来广东粤剧院成立。1958年，“珠”“永”“新”“东”“南”“太”[②]全部合并到剧院。剧院下属四个团，下放团则有白云、越秀、红棉、五羊，还有新的珠江剧团。当时我在白云剧团，较好的演员都进入剧院了，我就只能待在这类下放团。团里还有马丽明、陈绮绮等人。

何　车：马丽明当时在南方剧团嘛。

吴宝志：后来白云剧团合并到剧院，当时担纲的演员也十分厉害，有白超鸿、刘美卿、李燕清、小黄莺。

何　车：这些演员当时还非常年轻。

吴宝志：对啊，他们合并到剧院，我本来也顺理成章地进入剧院。但是鉴哥对我说：“阿仔，你还是不要进剧院了，进去你可能就没戏做，你不如进珠江剧团担任二式[③]。”

何　车：那时候你才二十岁出头啊。

吴宝志：二十一二岁。我对鉴哥说：“你怎样说我就怎样做吧。”于是罗品超就带我找到珠江剧团团长丁公醒，把我托付给他，让他多关照我。“二式”演员必须担纲演日场戏，一个星期演六天，周日是由台柱演。这是我在艺术上的转折点，其实你学了、看了、练习了，如果没有实践机会也是没用的。既然当了

---

① 黄千岁（1915—1995），粤剧演员，历任香港多个剧团的文武生和小生。

② “珠”指珠江剧团；“永”指永光明剧团；“新”指新世界剧团；“东”指东方红剧团；“南”指南方粤剧团；“太”指太阳升剧团。

③ 剧团中第二号男主角。

“二式”，日场戏就几乎让我包了，演《林冲》《虎头牌》《双枪陆文龙》这些戏，全部都是罗品超的首本戏，是以前自己通过观看后积累下来的，现在终于可以在舞台上实践了，这几年给我打下了一个良好的艺术基础。

新中国成立前，我的艺术成就应该是一片空白，难得有机会，自己在六年光景中得到了磨炼。我开始是小武行当，后来文觉非的戏《风月救风尘》我都演，还演陈笑风的《十三妹大闹能仁寺》。

何　车：那是老小[1]行当的戏？

吴宝志：是啊，什么角色我都演，不能只攻一门。这些经历为我以后做“边”打下了夯实的基础。我应该感谢鉴哥，是他赋予我这样的机会。如果当时我入剧院只能一直做拉扯[2]，那就没有施展技艺的机会了。

何　车：是啊，当年剧院人才济济。

吴宝志：所以演员学戏最重要的还是实践，剧团就有一句话：“百看不如一排，百排不如一演。”这是戏行总结出来的经验，看完就要尝试排，排好就一定要演，在实践中与观众交流，才能知道自己演出技艺是否过关，闭门造车是不行的。就算你会打一百个级翻都没用，因为你没有实践、没有舞台经验。所以我感谢鉴哥，他称我为学生，但是我没有拜他做师父，只算是跟着他学习，当时我与黄俊英都是他的学生。积累舞台经验和艺术经验的机会很难得。

我很喜欢看鉴哥的戏，他真正教我的就是《别窑》[3]。

何　车：其实你所说的体现一个道理：有机会给你，你也要有实力去把握。

吴宝志：所以演员要抓紧机会积累。没有艺术积累，机会在你眼前也没有用。要有积累、有实践、有老师指点，那时指点

---

① 指粤剧小生。

② 指戏班演出中男性配角。只要剧情需要，不论哪个行当的配角，他们都要演。

③ 指粤剧折子戏《平贵别窑》。

我的前辈有金山炳、大牛炳、靓大芳，还有北派的李云来、胡月亭[①]等，当时是剧团请他们来教授的。我算是幸运的，因为刚入戏行时真是一无所知。艺术有积累、有发挥自然就有提高了。

何　车：你身上所学的东西都是从“众人师父”中得来的？

吴宝志：没错，我的确是杂师成才的。没有谁是我纯粹的师父。

何　车：记得以前我看见你们经常在文化公园文娱剧场前面练功。

吴宝志：溜冰场那个位置，对吧？那时候是姜世续、路凌云[②]两位京班武师教我们，身段是李云来老师教我的。

何　车：还有起霸走边、把子、大小快枪等等。

吴宝志：对。都是他们教授的。

何　车：我问一句，很多人都跟这些师父学，虽然同是一位老师教，不知道是你天资聪颖适合食戏行饭还是后天勤恳练习，你的把子手门是大家公认较好的。

吴宝志：只能讲“同枱食饭，各自修行”。

何　车：这都是同一个师父教的。

吴宝志：可能是我有点悟性吧。有人说：“学我者生，似我者死。”就算记性好，把很多套路学到手，但是完全模仿就僵化了。所以学习都靠悟性，比如说很多人一起上大学读书，有些人能够做博士，有些人却什么“士”都不是。所以年轻演员是“同枱食饭，各自修行”，肯定是有天分的学得会更好。

何　车：带你入行的是“白老三”，正式跟的是鉴哥，学戏就是“众人师父”，最终是在毯子上实践出来。

吴宝志：对啊，我觉得不应该只拜一人为师，例如京剧大师梅兰芳都有很多位师父。一个演员若局限于一位师父的教导，那么他的艺术水平始终有限。

---

① 李云来、胡月亭均为京剧演员。

② 姜世续、路凌云均为京剧名武生。当时受聘到广东粤剧院、广州粤剧团担任武功老师。

何　车：旧时成名的艺人，包括梅兰芳，若他收你做徒弟，往往不是自己传艺的。一般会吩咐某某教唱功、某某又教其他东西，当你需要演某一个戏时，由师父出面找人指点、传艺。

吴宝志：如果当初鉴哥没有把我介绍给丁公醒，我就没有机会学习了。

何　车：这些就是好师父。如果全部由某位师父传艺，就只能像师父，无法有所突破。

吴宝志：目前很多人都选择拜师，其中肯定很多是动机不纯的。

何　车：是啊，他们实际上只是想攀上一个台阶。

吴宝志：所谓动机不纯，例如有些人拜师是为了有戏可演，这种风气是存在的。这位师父能否成为教人的师父我不敢下定论，但他的表演技艺使我感觉还未达到可以做师父的程度。如果他做了就不是"桃李满天下"，而是"伪术遍天下"，能力不足的人怎可收徒弟？但是如果不拜他做师父，可能就没有戏演了。这种风气让我心中觉得很不舒服。

何　车：我举个例子让你评价，是真人真事，是谁我就不说了。有次与一位年轻演员同车，有人介绍："他是某某的徒弟啊。"我跟你想法差不多，然后转个头问这位演员："你跟他学什么啊？"这位演员支支吾吾，大概知道我的想法吧，就说："我学身段、唱腔……"我惊讶地说："学唱腔？"整段对话就是这么多了。

过了两天，才知道这位年轻演员的父母我是认识的，还是好朋友。他们找我谈了一个多小时，把他儿子要拜师的原因说清楚：不拜师就不能到香港演出，分宿舍就睡台口，拜师后就有戏演了。现在他担"二式"，算是"扎"了。当今整个社会都存在这种风气，我们不能怪这位演员，是社会上弥漫的功利心驱使。他拜师是为了获得一个机会，这与过去截然不同。

鉴哥让你跟丁公醒，就是给你机会，能不能"扎"起来只能看你自己的努力。

吴宝志：对啊，师父只是一根“盲公竹”[①]。

何　车：黄俊英就是学戏不成，转学相声，后来也获得成功，算是因祸得福了。哈哈，总之就是要有机会、有位置，更要有本事。现在在台上担任主角的，有本事当然最好，没本事也要撑着，千万不要说不行。

吴宝志：我内心觉得这种风气真是不好的，但是没有办法，毕竟时代是这样。男男女女都会这样做。

何　车：整个社会都比较浮躁。他们不这样做，又怎会有机会呢？

吴宝志：以前还有一条“逐出师门”的规定，现在倒是没有了，真的变成了有入无出。这属于时代的问题。

何　车：的确是，有正面也有反面，整个社会包括粤剧行内还是有很多正能量的。

吴宝志：有的。

何　车：仔哥，你已经当演员几十年了，也演了不少戏，哪部戏是你的代表作？

吴宝志：这不用多考虑的，应该是《十五贯》。

何　车：“老鼠志”[②]，哈哈。

吴宝志：演完这个戏之后街上很多人都称我“鼠哥”。其实演这个戏也是巧合，那时候除了八个样板戏就只允许演三个戏，就是《刘三姐》《宝莲灯》《十五贯》。为什么挑选《十五贯》？因为当时没有足够的戏服去演《宝莲灯》，在“文革”时戏服都被烧毁了。但演《十五贯》需要用的海青等颜色不鲜艳的戏服却保留了下来，还有一件蟒袍。所以当时艺委会就属意演《十五贯》。

何　车：我记得当时是“演出连”[③]的时代。

---

① 广府俗语，直译为盲人手中引路的木棍，引申为引导、辅助他人的人。

② 粤剧《十五贯》中，吴宝志饰演的角色娄阿鼠深入人心，故行内喜欢称他为“老鼠志”“鼠哥”。

③ “文化大革命”后期，从干校出来的演员以军队建制组织的演出队伍。

吴宝志：应该是1974年、1975年左右，是“演出连”。艺委会研究派角时，尤娟儿和陈笑风就叫我演《十五贯》。我听到后心中有些疑惑，因为我是学小武行当的，突然转演丑生，我能够胜任吗？但当时我也没有办法拒绝，既然艺委会决定我演，我就必须完成任务。我接到任务后是惶恐不安的，因为自己根本没有演丑生的基础。

何 车：这不像你的性格，我认识你这么久，还真没有见过你害怕什么，哈哈！

吴宝志：表演不熟悉的行当当然害怕啦。突然叫我去演丑生，我不知如何入手。心想，党的任务定然不能不接受，但怎样才能演好呢？我拿着剧本寻师访友，首先找到广州市粤剧工作团的梁少声①，后来又找到广东省剧院的朱振华②，我虽然不断请教老前辈，但说实话，受益并不算太多，他们给予我借鉴的材料并不多。

何 车：当时找梁少声、朱振华请教。因他们两人在“文革”前都演过这部戏，他们是向昆剧学习的。

吴宝志：对啊，我的确向他们求教，但是他们没有给予太多有价值的材料。这时候该怎么办呢？我只有把昆曲演的《十五贯》完整看了两遍，这是救命稻草。我看后觉得这部戏演得特别好，心想昆曲运用的是北派的技艺，而粤剧是南派为主，正如“北方人食面要软滑，南方人食面则要爽口弹牙”，不同的剧种就有不同特点，既然它是“大盘面”，我就要做小碗“弹牙面”。它的表演技艺我可以吸收，但脸部的造型我感觉过于面谱化了，造型不够美。所以我考虑水袖是否可以短一些，戏服可否穿得更整齐，面谱的化妆也可以花点心思，于是我找到吴粉超③教我开面。

何 车：他在这方面的确有心思。

---

① 梁少声，时为广州市粤剧工作团丑生演员。

② 朱振华（1913—1988），曾主演《十五贯》中的娄阿鼠。

③ 吴粉超（1923—2005），粤剧丑生演员，擅长粤剧化妆。

吴宝志：还有“三白”，脚穿白袜套，穿上鞋后在上面用黑的丝绒布系上一个蝴蝶结，显得十分漂亮。当然这是我个人的看法，对不对由大家评价。所以舞台上的角色，就算最不起眼的都需要造型美，不能不修边幅，否则我觉得很难看。我一直在思考，以往我有一定的舞台经验，所以我在借鉴别人的同时必须发挥自己的特点。演出结束后，观众都认可我的表演，上街买嘢食别人（观众）往往都给我双份。

吴宝志在《十五贯》中饰演娄阿鼠（左）

何　车：记得你以前出街食肠粉都会比一般人的大碟些。

吴宝志：起码有两碟，和张广谋、冯巨淳[①]到文昌路银记[②]食肠粉，去茶楼食点心也是如此。有次陈笑风生日在大同摆酒，他请我去饮，结果整个厨房的工友都出来见我，吓了我一跳。我觉得观众强烈的反响不仅与我的表演有关，还与当时的社会环境有关。十年禁锢[③]后突然上演一部这样的戏，带来的冲击可想而知。

---

① 张广谋（生卒年不详），广州粤剧团原总团党支部副书记。冯巨淳（生卒年不详），广州粤剧团原总团主任。

② 广州著名肠粉店，总店位于文昌北路。

③ 指“文革”十年期间，人们在工作、生活、文娱活动等各方面均受限制。

何　车：这个是好戏！

吴宝志：的确是好戏，所谓“戏担人”[①]就是如此。

何　车：这个戏迎合了“文革”后，平反冤假错案的心理，观众和台上演出的演员都是如此。我对此就有很深的感受，我都需要“平反”[②]，你就不一样了，哈哈。

吴宝志：我觉得这与一个人的命运有关系，演员能够成名，非单一因素决定的，需要有机会。很多演员成名，我敢说他们都是遇到机会。在特定的时代背景下，抓住机会就能够成名。当然演员本身需要有一定的艺术基础。没有实力，有机会都没有用，所以既有“明星”，也出现很多“流星”。

何　车：我曾听你说过，一级身材、二级声线……

吴宝志：哈哈，还有“甲等身材丁等脚”[③]“装身万八、出场千八、开口十八”。“万八”就算是那时最高的薪酬了。

何　车：千里驹[④]的时候。

吴宝志：造型十分漂亮，可惜出场的表演只能值一千八百元，开口唱就更差，只值十八元。

何　车：这就是有机会却无法抓住。严格来说，《十五贯》是“戏担人”还是“人担戏”？

吴宝志：总体上说是相辅相成，但我个人觉得《十五贯》是“戏担人”，《胡不归》则是“人担戏”，《胡不归》这样一个普通的家庭伦理剧为何能够成为名剧呢？正是因为有薛觉先、上海妹、半日安[⑤]“三王”压阵。所以说“戏担人”还是“人担戏”是看情况的，不能一概而论，也有很多好戏演得不好的例子。

---

① 指剧目创作出色，无论哪一位演员演出都能受到观众欢迎。

② 指对“文革”时期的冤假错案做出正确的修改，还当事人一个公正的评价。

③ 人们常用“甲”“乙”“丙”“丁”为事物分等级和档次，“甲等身材”指身材、体态优秀，“丁等脚”指站姿不好。

④ 千里驹（1886—1936），20世纪初著名粤剧男花旦，有“花旦王”之美誉。

⑤ 上海妹（1898—1954），20世纪30年代粤剧名旦。半日安（1906—1970），著名粤剧丑生演员。

何　车：对，《十五贯》本就是一部好戏，很多人都曾演过，但并不是所有人都演得像你那般深入人心。

吴宝志：还有些笑话要告诉你的。当时演《十五贯》就像打擂台一样，一共有七个剧团演，包括佛山地区的剧团。笃爷[①]也演过《十五贯》。

何　车：他在新会演，邓刚文[②]也曾经演过，算是你师弟了，哈哈。因为他曾跟随陈、鉴、非[③]学艺，在《十五贯》也是演娄阿鼠。

吴宝志：所以说当时是打擂台，为什么观众较接受我演的角色呢？我觉得演员塑造人物和搭档都很重要。《十五贯》有很多著名的绿叶演员，如白玉珊、梁金城[④]；B角是吴粉超；张德明则演小生；花旦开始是陈锦心，后来由楚华顶替她。全剧的演员配搭十分合适。

何　车：你讲的这些演员全部是懂得演戏的演员。这部戏并不容易演，既无花旦戏也没有包头戏。

吴宝志：当时连一件漂亮的戏服都没有。我曾看过《香港戏剧报》刊登的一篇文章，作者我认识的，题目是《我父亲演〈十五贯〉娄阿鼠》。文中提到作者的父亲为了演好《十五贯》，晚上在家中桌子上故意放很多碎饼干，引老鼠出来，以便观察它的形象。我看后不禁笑起来，这是一个人物，又不是孙悟空，这种方式又哪能塑造和刻画人物呢。娄阿鼠是一个人，不是动物，也不是像孙悟空那般的猴精。三更半夜观察老鼠形象不是惹人笑话吗？

何　车：那就是说他父亲是老鼠，哈哈！

吴宝志：我觉得是贬低了自己的父亲。如果整晚老鼠都不

① 何笃忠的绰号。

② 邓刚文，广东粤剧学校教师。

③ 指邓刚文的三位师父陈小汉、罗品超（罗肇鉴）、文觉非。

④ 白玉珊、梁金城均为原广州粤剧团主要演员。

出现，那他父亲就要熬通宵了。我觉得演员的修养很重要，记得我辅导艺校学生演《十五贯》，有一位名演员去观摩，排戏结束后，这位演员跟我说："仔哥，演娄阿鼠的演员好像欠缺一些鼠味。"我听后又笑了。

何　车：市团演员？

吴宝志：省团的。娄阿鼠这个角色不是像老鼠，他本是一个流氓、一个赌徒，他不像孙悟空，要有猴子本色。难道虾哥[①]一定要有虾味？我觉得作为艺术家应该知道文丑虽有歌有舞，但表演人物应该恰如其分。演这个人物，我是下了一番功夫的，例如讲"四海之内皆兄弟"口白时，我特意用了一个小动作表现人物内心的矛盾、彷徨和焦急，在戏中我大量运用动作来刻画人物。着重表现的不是身段，而是感情和细节。很多班演完这个戏都说不如我，我就说："你不要说不如我。"要保持谦虚的心态。

何　车：你是讲假话，哈哈！

吴宝志：的确不能太"牙擦"[②]，大家都理解的。

何　车：大家演戏都有样板模仿和学习，必定有各自不同之处，唱"二黄"都有不同的唱法。还有你必须知道这些特殊的小动作，才能在舞台上表现，某些演员没有这种积累，自然不能像你那样表演。

吴宝志：就如鲁迅所说的"拿来主义"，有用的我就拿来运用，不管是国内的还是国际的，这样才能集思广益。现在我帮忙排传统戏，非常深的感受是，粤剧有很多好的东西，但还是远远不够。我们不能说粤剧"无料"，但很多时候不够用。如何求变，我有考虑过，以《五郎救弟》这部戏为例，杨六郎盗尸骨被番兵追赶时，传统的表演方式是跳大架，既然那么多番兵穷追不舍，为什么还表演跳大架呢？为何不改变这种表演形式？固守传

① 粤剧行内对著名演员罗家宝的称谓，因其乳名叫"阿虾"，所以行内人尊称其为"虾哥"。

② 广府俗语，意指骄傲自满，在别人面前显摆自己的实力。

统就不能反映人物当时的心态，这是要变的。所以我觉得粤剧的舞台表现形式还不够多。

又以《三春困城》为例，过往我们扮演士兵，表现攻城场面时，传统表现形式就是拿着刀敲击“城墙”。其实要着重表现“困城”，让八个士兵围住“城墙”已经能够表现情境了。后期我排了几个传统戏，由于对某些传统戏我也不熟悉，于是我就思考是否可以根据实际情况改变一些“传统”。“降龙”“伏虎”[①]使用相同的动作，你试想，“降龙”就是捉蛇，“伏虎”则是捉猫[②]，捉蛇与捉猫的手法能一样吗？我觉得非常不合理。

何　车：你这样说是对的，任何一种艺术，包括戏剧，总是要紧随时代发展，我们的前辈叔父都是在不断丰富发展艺术的路上走过来的。发展的思路肯定是对的。

仔哥，我再问你一个问题，除了《十五贯》，你演白脸时哪部戏演得最过瘾？

吴宝志：我觉得是《双枪陆文龙》。

何　车：是谁的本子？

吴宝志：也是鉴哥的，剧本是莫志勤[③]写的。

何　车：哦，当时他在珠江剧团。

吴宝志：后来我去了卢启光的团就由王玉奎[④]教我“八大锤”，当时王玉奎在东风剧团。还教我演了《怪侠一枝花》。

何　车：这是较后期的戏了，应该是20世纪80年代初。宣传单上称你为“文武丑生”。

吴宝志：这个戏演了百多场，在戏中我表演“打脱手”，我很喜欢这个戏。《十五贯》的娄阿鼠、《怪侠一枝花》的一枝花、

---

① 指粤剧表演程式组合“降龙架”“伏虎架”。

② 由于蛇、猫的动态与龙、虎极为相似，故受访者以此来比喻，“降龙”像捉蛇，“伏虎”则像捉猫。

③ 莫志勤（1924—1966），广东省剧院著名粤剧编剧。

④ 王玉奎（1918—1980），受聘于广州粤剧团的京剧北派教师。

《双枪陆文龙》的陆文龙，三个角色我都很喜欢，都适合我演。

吴宝志在《怪侠一枝花》中饰演一枝花

何　车：那时又年轻又靓仔，哈哈。

吴宝志：算不上啦。还有一件事我可以跟你说，也是不吐不快。我们应该如何对待粤剧传统？我看过珠海剧团姚志强与琼霞[①]演的《凤仪亭》，对于这个戏，我只能说，服装都没有穿对，如何谈演戏？如果要说传统，就要穿蟒袍、大额子还有鸡尾[②]，束发冠加鸡尾是“吕布装”的特定元素。这是不能随便改的。

何　车：现在很多剧借鉴京剧，冠上系着两条黑带。

吴宝志：吕布之所以来凤仪亭，就是因为他是董卓的护卫，

① 姚志强、琼霞均为那时珠海粤剧团主要演员。

② 蟒袍此处是指粤剧戏服，一般是帝王将相的礼仪服装。大额子是盔头，剧中武将所戴的帽。鸡尾是插在大额子上的雉鸡尾。

他趁着董卓上朝前来偷会貂蝉。按理应该穿“扣仔”[①]拿戟。

何　车：对啊。

吴宝志：连穿服装都要问句：“是边个师父教的？”

何　车：在戏行说这句话是非常有分量的。

吴宝志：传统人物的基本着装都不懂，《三国演义》中也有提到吕布戴的就是束发冠，这种传统我们需要保留。

何　车：他应该是学京剧的。京剧《小宴》就是穿蟒的。

吴宝志：我们称束发冠为“连环髻”，吕布这个角色可以穿蟒，因为他是全副武装保护董卓上朝，其间偷走出来“䀹美”。

何　车：你说这个戏我还没看。

吴宝志：你可以看看。为什么姚志强会穿错服装？

何　车：现在是以漂亮作为取向，你看花旦的穿着就知道了。

吴宝志：不可以这么说，演戏起码要符合历史人物的形象。

何　车：现在没有那么讲究了，都是讲一时风气的。现在凡演皇帝都戴“平天冠”[②]，如果唐朝皇帝就不可以戴“平天冠”。

吴宝志：哦，这些你把它看作通用的，历朝历代都这样的。如演秦始皇，肯定黑冠黑衫，颜色以黑调为主。

何　车：因为黑为水，北方五行学说提到。什么朝代的皇帝都戴平天冠，确有不合理之处。

吴宝志：你也知道，我们粤剧中唐、宋、明时期的服装都是混用的，不能每个戏都制作一套特定的服装。

何　车：以往我们是以明朝服饰作为参考制作服装的。

吴宝志：但是需要两面看，俗话说“有辣有唔辣”。佛山粤剧团李淑勤演的戏，服装方面还是显得不伦不类。即便目前我们剧团演员服装都不够考究。

何　车：现在一套戏要制作一套服装。

吴宝志：这个是北方导演影响我们所致，现在某些戏就连入

① 粤剧戏服，是传统戏中古代将军的军服。

② 粤剧盔头，是戏中皇帝专用盔头，玉帝、阎王也可佩戴。

场锣鼓都没有。入场锣鼓有气氛、有感情色彩。粤剧不能这样搞。

何　车：不是他们不想用，而是不会用。

吴宝志：我曾经与黄在敏、金桐[①]排戏，他们不懂粤剧，只会掌握人物角色的感情，我辅助他们，他们都能够接受。

何　车：他们两人都是京剧戏曲导演。

吴宝志：他们都认可入场锣鼓，我从他们身上也学到很多东西，如果静悄悄地上台还不如演话剧。

何　车：真正尊重艺术的人是非常客气和谦虚的。我也曾与黄在敏合作，如《公主与刺客》这个戏，时代背景无朝无代，与马老大[②]的戏有几分相似。整个戏的舞台调度，黄在敏只是认真地观看，没有提出什么具体意见，看完后才与我们商量表演上的东西，因为他并不懂粤剧的元素。

吴宝志：黄在敏在排练《野金菊》时，曾经建议将一场逃跑戏减少两个动作，我接受了他的意见。他让我自由发挥，只是在关键之处做点睛之笔。这是一个外来导演所能够做的。我在他们身上对导演的工作有了更深的体会，后来担任导演时，什么"斯坦尼斯拉夫斯基"等表演体系我全部都没有接触过，你可能知道得比我更多。

何　车：也不是。

吴宝志：为什么我喜欢当导演呢。

何　车：这就是我要问你的下一个问题了。你为什么从演员转做导演？

吴宝志：我热爱艺术，我觉得导演完成工作就像画家画出一幅好的作品，自己可以欣赏，可以夸赞原来自己是这么厉害的，这是给自己最大的安慰。有些戏我是与别人合作的。我自己也排了很多个戏，最喜欢的戏是《西施》和《一把存忠剑》。这两个戏都值得自己欣赏，但是它们都没有脱离粤剧的传统，我并

① 黄在敏、金桐均为京剧名导演。

② 指马师曾，因他在家中排行老大，故称他"马老大"。

没有改变传统。例如“杀兄”一场，我是运用“追夫”[①]排场，尾场则用了“杀忠妻”[②]排场，我没有离开粤剧排场，只在效果上有所变动。两个戏都是与陈小汉合作，自己十分喜欢。他很信任我，大家有很多共同语言，如果让他与新人合作，他肯定不愿意，若是老一辈的，难免会意见相左，所以他与我拍档。我们算是艺术上的朋友，俗话说“道不同不相为谋”，一个要伴锣鼓出场，一个又说直接出场，那肯定是不能合作的。

话说阿架[③]在主人公执起剑后还编写了一段很长的曲，我对他说：“有冇搞错啊，剧情已经到达高潮了，还唱这么长的主题曲？”他就说：“阿仔，这段曲我苦心写了一整晚的！”我接着说：“就算你花一个月时间写出来的，不适合就不要用！”

何　车：你这个观点与我有共通之处。曾经有个作曲家写了一首曲，他说：“我先哼两句给你听听。”听完后我就说：“这段曲可能不太适合。”他马上说：“这段曲我可是边写边流泪的。”我就说：“就算是你趴在地上写出来的都用不上。”

吴宝志：所以我最后全段曲都没有保留，他则说：“好吧，我从善如流。”我跟他说：“唱段取消了，我适当增加一些动作表演，你不从善如流不行啊，阿架。”他肯接受我的意见，不会像何建青那样一字都不肯改。

何　车：其实“癫三”“二世”[④]都会听取意见的，特别在戏行，人与人之间惺惺相惜。由于我们懂舞台调度和节奏，“二世”就说：“我不懂舞台上的东西、不会演戏也不会排场。”正因为这样他才要听取导演和演员的意见。好像刚才你说的例子，没有理由在那个时候唱这么长的曲，演员不适应，观众也不认可。

---

① 传统粤剧表演排场。

② 传统粤剧表演排场。

③ 粤剧编剧陈自强的绰号。陈自强（1933—2003），广州粤剧团编剧。此处意指他的相貌像日本人。

④ 广州粤剧团编剧秦中英的绰号。

吴宝志：这就是所谓的“唱多塞死做”[1]。样板戏[2]中唱和做划分十分清晰，每部分都连接得十分紧凑。八个样板戏的处理手法的确值得我们学习。

何　车：编、导、演是要紧密合作的，现在演员跟你合作，编剧也会跟你说每场戏的节奏如何，三方沟通合作才能排好一个戏。“癫三”都明白这个道理，他之所以说“一字不改”，其实是针对某些外省过来的导演。他们既不会平仄，更不会韵，偏偏喜欢改他的东西。

最近我教大哥[3]的徒弟演《王大儒供状》，就非常注重主角入场前的一段表演程式，大哥对此也没有一个清晰的概念。

吴宝志：对啊，戏曲一定有表演程式，但是不能程式化。今次我排大哥的首本戏《朱弁回朝》，邀请杨凯帆帮忙演出这个戏。

何　车：为什么不演他师父的戏？杨凯帆是拜陈小汉为师。

吴宝志：陈笑风很欣赏他，并对他说：“这个戏只有你能演。”大哥的戏的确难度较大，不是谁都能够演。最近大哥出了一本大典，我翻看后觉得《朱弁回朝》在表演方面太单调。

何　车：大哥“弹钢琴”[4]嘛！

吴宝志：这是你说的，我没有这样说啊，哈哈。

何　车：其实我对着他都是这样说的。

吴宝志：于是我就变，把气氛营造得比较好。后来大哥说：“阿仔，辛苦你，好嘢。”其实现在我跟你坦白说，必须承认大哥的唱腔十分出色，表演方面则稍逊色一些了。

何　车：“秦二世”的剧本写一个【首板】角色就冲进金銮大殿，我说：“没有理由这样，这样是不行的，麻烦你加两个御林军。”这样剧情表现才更合理。我在电话中问老秦：“秦老师，是否可以修改这个地方？”他可能嫌烦了，说：“阿本，你

① 指戏中唱段太长，以至于演员没有时间进行技艺或身段表演。

② “文革”时期，剧团只能演上级规定的八个戏，这八个戏称为“样板戏”。

③ 指著名粤剧演员陈笑风。

④ 此语调侃陈笑风登台表演时的习惯做手。

又唔系卖缸瓦的[①]，你自己搞掂就可以啦！”

吴宝志：是啊，他只是把剧本给了你，如何在舞台呈现则是你自己的事情。他写的《孟丽君》我就试过删去了整场戏。他跟我说：“无所谓啊。”

何　车：最近深圳叫我排一个戏，是“秦二世”的作品《王彦章撑渡》，阿彭与晓毅[②]演。陈笑风要过把瘾，让自己的徒弟演小武行当，阿彭开面。本来没有什么问题，谁知花面要唱【反线中板】，我就不知道该怎样排了。

吴宝志：就好像《关公释貂蝉》中唱【流水行云】一样，不知如何是好。

何　车：尾段还要唱南音，哎，不知该如何唱好。后来我把剧本还给他们，说：“我真不会排。”《王彦章撑渡》是有传统唱段的。

吴宝志：《关公释貂蝉》也是有的，我不知道为何改成这样。

何　车：“周身紧”[③]的。

吴宝志：“周身紧”那些不是粤剧传统，也不是京剧，什么都不是。

何　车：他是著名京剧表演艺术家，不过他演过一个戏——《八一风暴》，是现代戏。

吴宝志：现在的确有很多“艺术家”，薛觉先其实也没有称自己是艺术家，只称自己为粤剧“万能泰斗”。现在，某些记者和媒体的做法是会害死人的。

何　车：仔哥，刚才你说自己导演的作品，你最喜欢《西施》《一把存忠剑》，排出一个好的作品自己能够欣赏，我深有同感。我们排戏有一句俗语：“哎，终于生个仔出来了。”真正像十月怀胎后生仔那样欢喜，同时又觉得松一口气。何建青曾经

---

① “卖缸瓦”在这里指外行人，意思是你又不是外行人，自己修改吧。

② 指彭炽权和深圳粤剧团文武生晓毅。

③ 京剧演员周公瑾的绰号。

说过："剧本写出来仅仅是'阅剧'，只有把剧本在舞台上呈现出来，这个才算是戏。"所以我对此感触比较深。从我的感受说，我觉得你的水平比很多人都要高，而且当导演是自学成才，你没有经过专业学习，也不懂什么斯坦尼、布莱希特等表演体系。

吴宝志：这些戏剧理论对戏曲是否有帮助，我不敢妄下定论。但自我感觉是，这些东西貌似不适合戏曲。戏曲讲求程式表演，比如表现人晕倒了，话剧可以随意倒下就算是晕倒了，但戏曲则有六七种表现形式，包括水袖动作、关目、前扑后扑，这些动作都可以表现人晕倒，要根据实际情况选择表演程式。作为一个戏曲导演，必须熟练地把握、选择表演程式，越多越好。虽然上述理论我全都不懂，但是我通过学习、实践和请教，不断锻炼自己，最终成为一个导演。

何　车：我们其实担当了旧时教戏师父的角色，当时教戏师父的角色很重要。

吴宝志：应该算是既要教戏又要当导演，现在仅仅导演是不够的，年轻演员有朝气，有一定实力，但是缺乏基础。演粤剧就不能搞话剧风格，必须姓"粤"，所以导演必须要懂如何运用表现程式塑造人物，戏曲如果没有锣鼓等敲击乐，就不是戏曲了。

何　车：其实这里牵涉一个比较大的问题，目前中国戏曲界，包括京剧和昆曲都有了这种觉悟，但我们粤剧还没有。从1949年新中国成立到"文化大革命"开始前的十七年间，我们几乎全盘接受俄国斯坦尼斯拉夫斯基的理论进行"戏改"。如果不接受这种理论，就会变成右派。在之前的采访中，我觉得"戏改"使我们艺人有一种强烈的翻身感，以往戏子是被人看不起的"下九流"，现在转变为人民代表，吕玉郎、鉴哥还当起了政协委员。

吴宝志：吕雁声[①]都是。

何　车：演员社会地位提高了，生活稳定了，工资也高了，但"戏改"还是扼杀了戏曲的发展，把两个完全不同的艺术混在

① 吕雁声（1925—1990），广州粤剧团主要演员。

呢？是有的。我遇到这种情况就不提意见了，有时候写曲的人都会这样，称为“强奸工尺”[①]。

何　车：你老友的徒弟，陈锦荣就评价他不会写曲，平仄不对、韵脚也不对，这些都是最基本的东西。

吴宝志：当然我们都希望年轻一代能够成长，这也是必须经历的过程。

何　车：肯定要有个过程的，只要他们愿意学就可以了。

吴宝志：对了。

何　车：也有些人就算愿意学都不行，入行几十年未能完整撰写一部戏。这说明学写戏并不是一件容易的事。

吴宝志：我曾说，鲁迅都不一定会写戏，即便他是一位大文豪。有韵脚、有平仄、有曲牌，要写曲填词，谈何容易？如果没有经过戏班实践是很难当编剧的。社会文学相对简单。

何　车：有一位文联主席说过：“全中国所有戏曲中，粤剧的剧本是最难写的。”粤语九声，京剧只要懂平仄，会写七字句和十字句就可以了，当然还要填好词。

吴宝志：粤剧太多曲牌了。

何　车：不管是牌子还是小曲都要逐个字填写。所以我说昆曲好啊，它不演创作戏，只演传统戏，故此不用烦如何撰写新的本子。目前我们的创作剧就比较多了。

吴宝志：我们运用的曲牌相当灵活，有时香港流行曲都会用的，所以我觉得这是很了不起的。

何　车：其实都不需要“生圣人”[②]了，如果全部懂得这些曲牌、小曲、广东音乐，已经足够了。

吴宝志：但是很难有人做得到的。

---

① 指撰曲者为了照顾词意伤及曲的旋律，不按原来乐谱的“工尺”规定旋律去填词，反映其不懂填词或功力不够。

② 粤剧行话，指那些为了迎合观众口味，临时创作的新曲，由于新曲对于艺人来说十分陌生，故短时间内记熟曲词就像“翻生圣人”一样厉害，故称“生圣人”。

何　车：陈自强、陈小汉和你已经算是编、导、演的铁三角，你们经常排戏后一起食饭，“服美”就不知道有没有一起了。我想问你与哪位音乐员的关系更好，合作更为顺畅？

吴宝志：省团中应该是蒋华燊。他懂得传统的东西很多，新的东西也会。所以他能够把传统变得十分靓，这就是在传统基础上的革新，没有完全脱离原来的轨道。

何　车：你让我想起以前剧院的音乐特点，就像“三谋”[1]，他们不会凭空创新，搞些鬼五马六的东西。

吴宝志：还有一个崔蔚林。

何　车：他算是老一辈了。

吴宝志：当时鉴哥的《春香传》《十八相送》都是崔蔚林做音乐设计的，他是“头架”[2]。

何　车：他还是打锣牛的岳父。

吴宝志：是啊。如果说在市团中有商有量的，应该是卜灿荣。虽然他的底子不如老一辈的叔父，但他在革新变化方面做得不错。我与有些师傅夹音乐时，我说什么他们都说“好”，所谓“英雄所见略同”，他们就不去思考。戏曲中音乐是一种重要的辅助，有了音乐，如【扭丝】【五锤滚花】[3]等，戏就不会显得过于单调，气氛更好。因为我不是搞音乐的，虽然我会表达自己的想法，但是最终还是要听音乐师傅的意见。我的想法是希望能有一段音乐烘托某种气氛来表达整段戏的感情，当我提出意见，他们说：“英雄所见略同。”这样就是不思考的表现。

何　车：相互合作要看大家的艺术观点是否相似，是否有共同语言，这些都是一个团队合作所需要的条件。彼此能够理解、明白对方的意思是十分难得的。不仅是音乐，与舞美设计合作也是一样的道理。如果对方不明白自己的意图，就十分头疼了。

① 指黄壮谋、黄英谋、黄继谋。

② 粤剧乐队领奏乐师，主操二弦、高胡等乐器。

③ “扭丝”是京剧传入的锣鼓。“五锤滚花”是粤剧锣鼓。

举个例子，舞美设计可以决定导演的整个舞台调度，与黄在敏合作《公主与刺客》时，上海戏剧学院的一个舞美设计，曾经是我的一位老师，他设计五块像人一样高的板，上面写着“公主与刺客”五个字。五块板都可以移动，可以依据剧情发展移位，如果文武生出场，“刺客”两块板可以围着他，向观众表明他的身份。对“公主”也是运用同样的方式，所以导演的整个舞台调度都必须以他的这个设计理念为依据，这也决定了整个戏的风格。

吴宝志：我有一个问题，如果用写着“公主与刺客”的五块板做背景会否影响演员演这个戏？

何　车：板是可以移动的，可以拉出也可推入。

吴宝志：它以这个板表现戏的主题？

何　车：不是，板作为背景。例如如果剧情讲到敲锣打鼓、交钱的时候，“边”就会把它推走，因为不需要运用它。“刺客”武打戏完后就躲在板后表示躲藏起来，是一种多样化运用。这种调度方法在粤剧舞台较少见，但是它遵循了戏曲的虚拟化的特征，没有用实景。

吴宝志：你刚才说可出可入，但是与音乐、锣鼓相配合吗？

何　车：这当然考虑在内了，包括灯光、音乐、锣鼓、唱腔在内，全部都配合得恰到好处，我觉得舞美设计会给导演出难题。

吴宝志：这属于新的尝试，但一定要经过检验。

何　车：这是一定的。

吴宝志：但是这也不是现在才有的，《七剑十三侠》演出时就全部不落背景幕。

何　车：《公主与刺客》也是不落幕的。

吴宝志：其实以往都有这种呈现形式，只不过现在稍作变化。洪三和[①]当时设计的是转动式布景，公堂景一转动就成了庙宇。

何　车：这也是传统戏曲的呈现手法。原本我们都担心这种方式能否被观众接受，后来我们到新加坡演，并拍摄录像回来，

---

① 洪三和（1913—1989），著名粤剧舞美设计师。

新加坡的观众接受这种形式，这给了我们信心。在香港也演过，观众也承认这种形式，其实这也不算创新，是在古老传统的箱底拿东西出来。

吴宝志：抗日时期《七剑十三侠》就是以景变景的，洪三和设计，《牛郎织女》也是，设计者是张雪峰①。

何　车：那时我曾经看过。

吴宝志：你出生了吗？

何　车：永光明演《牛郎织女》时我当然出生了，我看的时候是楚岫云、镜哥、豆泥飞②演的。

吴宝志：我看的是1949年新中国成立前全女班演的。

何　车：全女班我就没有看过了。它的服装和景肯定漂亮啦。

吴宝志：布景变换十分灵活，这是张雪峰喜欢的手法，洪三和也一样。算是在传统上产生的新构思。

何　车：你刚才说到很多方面，内容十分丰富，但我想问你，有收过徒弟吗？

吴宝志：无。

何　车：为什么不收徒弟呢？现在我很想拜你为师。

吴宝志：很多人都会叫我仔哥或仔叔，特别是一些女演员，陈韵红曾说："我十分佩服你，仔叔。"梁淑卿、崔玉梅、吴诗也曾称我为"恩师"。貌似请教我的更多是女的，男的少些。

何　车：你有女人缘，哈哈！

吴宝志：不是的。曾有人说："吴宝志你不要和我排戏，排一个戏，花旦就走一个。"

何　车：你惹桃花。

吴宝志：是"桃花劫"。其实我是没有心思当别人师父，别人称我"恩师"，我也不敢当。梁淑卿曾说："没有吴宝志，

---

① 张雪峰（1910—1990），舞美设计师。

② 楚岫云是广东粤剧院著名演员，有"执生花旦"之称。镜哥指吕玉郎，原名吕庭镜。豆泥飞是著名粤剧丑生陆云飞的绰号。

就没有现在的我。”我的确见证着她的成长，从不懂到懂。曾经有一次她发脾气扔枪，起初她连“小五套”“小快枪”[①]都不会打，她觉得辛苦就不想练了，所以我严厉地说：“你执起它继续练。”后来她也能够成长起来，她叫我恩师时，我说：“你叫我仔哥就好了。”我知道有些人喜欢认师父。

何　车：我知道二团很多人都叫你师父。

吴宝志：我有承认吗？我没有这种心情，觉得没有必要收徒弟。大家本是艺术上的朋友，如果你需要我帮忙，我会尽我所能去帮你，不是必须有什么师徒关系的。

何　车：你有无这样的阴影？怕自己收徒弟后，有人问他：“那位××师父教你的？”

吴宝志：我没有这个阴影，主要是我不喜欢。有不少人都喜欢，但是我是另类。年轻人如果需要我，只要我懂的，我都会帮忙，大家就算是艺术上的朋友。

何　车：现在我通过交谈跟你学习。

吴宝志：不能这样说，应该是你让我增益不少。很多人都叫我仔叔，倪惠英对吴诗说，仔叔的身段漂亮，你应该向他学习。我一向比较好学，很多花旦都认为我的身段靓。男人演花旦动作比她们漂亮，我自己都感到自豪。可能与我的经历有关，以前除了看大班演戏，“专区班”[②]我都经常看的，遇到别人好的东西，我就马上实行“拿来主义”。所以我曾说：“演戏心要善，眼要毒。”心要善指的是要有一颗求学的心，眼要毒则是看到好的东西要懂得马上吸收，不要错过机会，当然还要懂得鉴别。从老倌身上学习来的东西，他日自己能够用上，任何艺术都是集思的。所以我没有徒弟这个概念，如果别人觉得我能够帮助他们，我会觉得很欣慰。其实论武打，拿刀拿枪我不会比其他男演员差很多，论身段，很多女演员都不如我。

---

① 从京剧传入的基础把子套路。

② 某个行政区域管理的剧团，一般专区班的艺术水平比大班要低一个档次。

何　车：现在很多演员身段还是不行的。

吴宝志：对啊，我年轻时好学，也有机会实践，现在我的老师就在中央戏曲频道工作。全国戏曲剧种都会在这个台播出，我就不断观看，继续“拿来主义”。

以前演戏没有导演，你走前我走后，我走左你走右，[1]仅此而已，很多时候是演员自己走位。后来我当了导演，某个位置需要什么感情和身段，我都可以告诉演员。《斩经堂》中丁凡的感情处理十分好，之后有几个戏，我和他合作得很好。所以我觉得一个戏是自己排出来的，会感到十分欣慰。我排了几十个戏，我曾和郭慧[2]合作，曾与她打了一个比喻：“你是尼克松，我是基辛格[3]，谁的工作更烦一些？”有时她只需要拍板，她是导演，我是助手。但是自己搞一个戏出来自己心知就可以了，不需要抢功劳的。

何　车：最后我想问一下仔哥，你现在很安适了，不用再工作，可以舒适过生活。目前你的精神状态和情况怎样呢？

吴宝志：我觉得心境要好，我常对别人说：“不管以前你多么了不起，一旦离开了舞台，你就必须放开以往那种繁华，否则心里肯定会憋着。”昨天阿叔如何如何，现在是“昨天文武生，现在‘打幻灯’”[4]，就会因此觉得自己落魄，这样的心态就不好了。我曾经跟阿祺[5]说：“你在二团很出色，当你退休时，你一定要学会放下以前的东西，不要整天说自己以前的威风史，心境要平和。”

何　车：至理名言。

吴宝志：平时没有特别工作时，我生活平淡，就是喜欢打打麻将，输赢都不多。如果有戏排，我就尽我自己最大的能力去做，譬如排戏构思，我晚上不敢多想，容易失眠，只有六点起

① 旧时戏剧舞台上最简单的调度是没有具体目的的调度。

② 郭慧，广州粤剧团导演。

③ 尼克松（1913—1994），美国第37任总统，首位访华的美国总统。基辛格，美国前国务卿，著名外交家。

④ 这里指以前是主角演员，后来变成了字幕员，即从最高层跌到最低层。

⑤ 指广州粤剧团著名演员钟康祺。

床，把整场戏的基本脉络想好，然后再搬上排练场。到了排练场，自己自然心中有数。闲时我喜欢饮茶、打麻将、看电视，尤其喜欢在晚上看中央电视台戏曲频道。

何　车：现在还有排戏吗？

吴宝志：有的，需要我排我都会帮忙的。排戏可以动脑筋，对身体也有好处。如果这个戏出来效果好，也是对自己艺术成果的一种欣赏。

何　车：我要向你学习，现在我不敢排戏。体力不够、本事也不够。

吴宝志：排戏是对自己艺术能力的一种锻炼，也是我享乐的一种方式，但是排练时难免劳心劳力。遇到问题就要想办法解决，思考问题也是自得其乐。当然如果排的戏不好，自己也要找出问题所在。

何　车：如果排戏时诸事不顺，戏的效果不好，那不是“自取其辱”，哈哈。

吴宝志：工作上肯定会有不如意的时候，过后就没事了，要注意心态平衡，我今年都八十一岁啦。

何　车：我见你十分精神，气度比我还好呢。

吴宝志：你“忍气吞声”而已。目前我主要是这样的一种状态，经济上也过得去，两餐无忧。

何　车：不用刻意工作帮补生活。

吴宝志：儿子、儿媳和孙子都孝顺，外面也不会说吴宝志碌碌无为。所以说以前拥有的归功于以前的努力，现在不用想太多，千万不要想当年“阿叔”如何厉害。很多人就因为想这些，无法摆脱这种过往带来的虚荣，心里憋屈，寿命也不长。

我平时也食得不多，早上起来食白粥、肠粉、炒面，晚上也是自己煮饭食，偶尔煲汤，这些都要自己做，因为没人帮忙。我感觉不用特别去保养，觉得保养作用不大，但是我不能否认保养的作用，因人而异。十二点睡觉，八点起床，睡八个小时已经足够了。

何　车：晚上有起来小便吗？

吴宝志：一次。

何　车：一次证明你身体机能还不错。

吴宝志：三脂都不高，退休金也不高，哈哈。

何　车：退休金你算高啦。

吴宝志：总之心态要好，如果有人叫我看戏我肯定去的，之前《鹅潭映月》就叫我去看。

何　车：我没有去看。

吴宝志：他们给我票，我就去看了，如果送票都不去说不过去。我的生活大致是这样了。

何　车：最后问一句，你在戏行这么多年，当中的趣闻或是有特色的艺术都知道不少，有个词叫“又周又臭”，我想问问它的意思。经常有些叔父提起这个词。

吴宝志：我也是听别人说的，所谓“周”与“臭”，“周”指这个人牙擦；“臭”指这个人臭斗[①]。

何　车：用“周”字对吗？

吴宝志：我也不清楚啊。

何　车：我觉得有两种解释，曾经问过某些叔父，“周”字没错，就是姓氏的“周”。我问：“为什么呢？”他们说：“以前战国的时候，诸侯国都不服周朝，所以叫唔服‘周’，点解讲‘又周又臭’呢？因为周朝只有名号，没有实权，经常被其他诸侯国欺负，孟明视路过周天子脚下都不下马，按礼仪是需要落马，以示尊重的。所以又周意为不服周朝。”另外一种解释是不服皱，“皱”即是不平的意思，要别人抹平，这种解释比较牵强。

吴宝志：这个词一般是对别人人品的评价，与周朝关系都不大，“又周又臭”指与别人合不来、脾气暴躁、水平不高又牙擦，其实还有一句，就是“又周又臭，武艺子不够”，就是指戏行中最不服人、最牙擦的人。在戏行中，一个演员或一个叔父牙

① 指脾气差。

擦、白霍、沙尘[①]、有料，“又周又臭”就是对他的最好评价，出处不会追溯到周朝吧。

何　车：你在戏班多年，应该碰过不少“又周又臭”的人吧？

吴宝志：现在还有啊。

何　车：哈哈哈！

吴宝志：摆叔父架子，本事不大，这些就是旧戏班的陋习。

何　车：这些需要改正。

吴宝志：不分场合，出场嘴中就离不开老脰老母，非常“孝顺”。我心里觉得这真是“又周又臭”，不懂拿刀就想教别人把子，冒充叔父。以前都有这样的人，但是有些人艺术技艺还是不错的。

何　车：虽然“又周又臭”，但是武艺子够。今日跟仔哥学了很多东西，时间又差不多了，多谢你！

吴宝志：好，有什么说错的地方恳请见谅。

吴宝志（前排右）、何车（前排左）与《访谈录》编务组工作人员合照

① 牙擦、白霍、沙尘均为广府俗语，牙擦意指自以为是，骄傲；白霍意指行为鲁莽、冲动、不顾后果；沙尘则指态度嚣张，与牙擦意思相近。

访谈感悟

与仔哥见面交谈是一件轻松愉快的事情，他虽已到耄耋之年，但其幽默风趣的言语、乐观豁达的人生态度给我留下了深刻的印象。记得在我刚进入粤艺中心工作之时，第一个记住的老前辈就是仔哥。作为一位年轻人和后辈，在他面前竟完全没有觉得存在隔阂。

仔哥因生活所迫与艺术结缘，从趯兵开始，逐步成长为担纲主演、排戏导演，这并不是一段平坦的道路，能够在从艺路上闯出自己的一片天地，离不开仔哥的上进心和求学精神。用他自己的话说："我是杂师成才。"在没有明确的艺术引路人的环境下，仔哥能够用客观、辩证的眼光去看待粤剧艺术，谦虚好学、不耻下问，通过自身的摸索、思考，有取舍、不失时机地吸收、积累一切可为已用的艺术养分，这是难能可贵的，也是他专业水平不断提高的不二法门。

仔哥的经历对我有很大的启迪，作为年轻的文化工作者，在工作中必须坚持学习和积累，同时要客观地正视自身的不足和劣势，通过思考和总结，在实践中不断提高自己的专业素养和能力。专心致志，坚定地向目标进发，人生必然有所收获。

区子珩

访问日期：2014年5月7日
访问地点：广州粤剧大院
受 访 者：陈少棠
笔录及整理：冯　劲

『桑榆非晚唱霸腔』
——陈少棠访谈录

陈少棠，广东南海人，1937年在广州出生，粤剧演员。七岁开始学艺，师从邓肖兰芳，专习小武行当，擅长粤剧南派表演。1960年至1982年，他先后在广州粤剧团一团、三团、四团担任主要演员，与卢启光、陈小茶、练玲珠、小木兰等著名演员合作。代表作品有《劈陵救母》《寒江关》《三帅困崤山》《马福龙卖箭》《狄青怒斩黄天化》《十奏严嵩》等。

陈少棠表演功底扎实，角色能忠能奸，得到粤剧行内和观众的一致认可。1981年获得广州市专业文艺调演一等奖。1997年，陈少棠因病退出舞台。

陈少棠现为中国戏剧家协会会员，努力为传承和发展粤剧贡献自己的一份力量。

何　车：非常高兴请到棠哥参与这次艺术访谈。请你分享一下过去的“威水史”，教导我们后辈。

陈少棠：我明白，你在电视上说《戏人戏语》，要我讲的是“老人老言”。（何车大笑）

何　车：我们想同棠哥交流，请你介绍你的师门，你是跟哪一位师父出身的？

陈少棠：就说这一条，我最喜欢广州粤艺发展中心，包括你在内。这几十年来，粤剧艺人大都不喜欢提自己的师父了。

何　车：那些人“没有师父教嘛”[①]。（大笑）

陈少棠：没有师父教就可以乱做，就可以没有规矩了吗？我非常认同你和粤艺发展中心，能够提出和重视这个问题，让大家重新去认识这个问题，这是几十年的老问题了。师父教徒弟，同老师教学生是不一样的。过去讲：“一日为师终身为父。”既然师徒关系等同于父子关系，那就要负责到底，徒弟一生发展好与不好，师父都有责任。正因为有了这个责任，徒弟一做得不对，别人就会怎样讲吖？

何　车：“边个师父教你呀？”（大笑）

陈少棠：过往戏班一般不会骂闯了祸的徒弟，而是去骂他的师父。而且会问候“你的师父”……就是你刚才说的那一句话。把那些后生统称作“失魂鱼”，会对那些后生说：“失魂鱼，边个师父教你呀？”肯定是先骂他的师父。所以一讲起要当别人的师父，这个责任好重。但老师教学生就不同了，老师教完之后，你学多少算多少，老师是没有责任的。香港有位演员到广州跟我学《打洞结拜》，他演赵匡胤，唱【霸腔快中板】，不会换气，唱到一口气接不上来。我开口就骂他：“你真笨，剧中赵匡胤只是在‘倾偈’，你应该通过乐曲过门唞（吸）气，一口气都不

① 过去粤剧艺人多数拜师学艺，师徒关系一旦确立，师父除了传艺，还需要对徒弟的行为、思想、生活作风进行管教和约束，戏行规矩也是师父传授给徒弟的。这里说“没有师父教”是讽刺某些艺人不懂规矩。

换，那自己岂不是‘落海食包’[①]？”香港那位演员明白，陈少棠骂他是爱惜他，如果不骂他，好好先生，是不想教他，那就不是他师父了。

何　车：棠哥到今时今日有这样的艺术造诣，都是有师父教的。请问你是哪位师父教的？

陈少棠：我师傅是邓肖兰芳，人称“光头钊”。讲起师父，我就十分感慨，我艺术上、人生上的一切都是由我师父培养的。所以我对师父最崇拜、最感激。我是全行里写师约的最后一个人。当时立的师约，订明师徒双方的权利、责任和义务。师父可以在我出师后工资最高的时候，领走我工资的三分之一。

何　车：你算好的了，师父才收你三分之一，他没有收你三年吗？

陈少棠：收三年！

何　车：是三年，他没有按戏班例规收够六年。

陈少棠：每个人订的都不一样的。三年的三分之一。如果我三万元一个月，他就收一万元。我就签了三年，师父就供我食宿，教我演戏又不收钱，还要购置戏服给我演出用。

何　车：就是要给你置办演出用品咯。

陈少棠：那个时代如果没有戏服，根本就不能上台演戏。想起当时演戏的情景，感触很深。在戏服的背后写着“借衣乞食”四个字，亦有写“借衣丐食”的。我问过师父为什么这样写，师父说：“乞食就乞啦，丐什么食呀，哪有这样文雅呀？”那时我们只能在街边演戏。差人[②]随时会拉人，按着你的头，揪着你的衣服，一看“借衣乞食”四个字——“阿Sir乞食啫，乞食都唔俾？”这样他才会放过你。当时真的好凄惨。在我有生之年，想搞个纪念我师父的演出，我自己参加演出。师父的徒弟很多

① 指在舞台上出差错受到指责。过去在一些农村演戏时，台上放了不少泥头，形状像包，当台上出差错时便有人扔上去，因此才有“食包”一说。

② 这里是指香港的警察。

都很有名。如芳艳芬、邓碧云、邹洁云、紫萝兰、紫萝莲、林小群[1]。

何　车：还有黄金爱、林家声[2]。

陈少棠：对！

何　车：所以三哥“癫三”生前曾对我说：“光头钊[3]的徒弟个个都‘扎’。”

陈少棠：这个新闻香港的报纸刊登过。“光头钊教过都‘扎’”，很多演员都成名。我带了两张相片来印证，表明我说的都是实话，这边是芳艳芬，那边是邓碧云。这一张相片就是在香港找出来的（在报纸上招生的广告）。

兰芳戏剧学院招生广告

何　车：这里写着“兰芳戏剧学院，续招男女新生”。

罗艳卿，潘有声、林家声、邓碧云、紫萝莲、黄金爱、陈少棠、林家仪，统统都大“朵”。

陈少棠：系大“朵”！

何　车：其实棠哥，我觉得你师父有点偏心，当时你的同学都好威风，你只是“神童”，却坐在中间。

陈少棠：我师父是顺德龙山人。当时黎子流市长说我们顺德有很多有名的老倌，薛觉先、新马师曾、罗家权、罗家宝、罗家英。我对黎子流说：“顺德人不仅仅做戏厉害，教戏也很厉害。”

---

① 芳艳芬、邓碧云、邹洁云、紫萝兰、紫萝莲、林小群均为著名粤剧演员，曾拜邓肖兰芳门下学习粤剧表演艺术。

② 黄金爱、林家声均为香港粤剧名伶。

③ 邓肖兰芳的绰号，因其是光头，故称“光头钊”。

邓肖兰芳（前排右五）与众弟子在香港合影（前排左四为林家声，左五为陈少棠，右四为黄金爱）

何　车：你师父邓肖兰芳，教过那么多徒弟，我总觉得为什么你是神童，他就捧你出来，是不是他特别喜欢你呢？林家声的年纪都比你大呀。

陈少棠：林家声比我迟入行，我称他“师弟哥”。

何　车：潘有声的年纪都比你大。

陈少棠：潘有声小我一岁，也比我迟入行。

何　车：小你一岁？

陈少棠：对，潘有声那时是叻过我的，他做文武生，当时要自己置办戏服，他有戏服，而我因为穷，只有一件黑海青，就只能做武生兼丑生，叫“骑龙头骑龙尾”①。演《胡不归》，我饰演家婆。演《刘金定斩四门》，我就做赵匡胤，要挂须开面的。当时有人称我为“黑海青神童”。

① 过去戏班海报上只登“六柱”，即六个主要演员的名字，排第一是武生，最后一位是丑生，陈少棠演武生兼演丑生，故称“骑龙头骑龙尾”。

何　车：哇！唔怪得你，"辫色武小丑，须挂红黑白"[①]，全部都学会。

陈少棠：所以我到越南做戏，要我做文武生，当时我从没做过，没有信心。师父对我说："你放心啦，我都叫得你去，就实得嘅。"去越南做戏，每一晚工资最初是七十元演出一场，后来老板加到两百元，两百元一晚在那个时候算很多了，讲出去都没有人相信。新马师曾问我工资多少，我说两百元。他说："细佬，你厉害，我都是两百五十元，只是多你五十元。"

陈少棠（后排）、黄金爱（前排右一）到越南堤岸三多戏院演出时，与法国航空公司董事长女儿合影

何　车：那时你演什么戏多呢？因为你师父是男花旦。他教什么戏呢？

陈少棠：我演的戏都是通过师父手把手教的，较有代表性的是《打洞结拜》，京剧叫《千里送京娘》。当时有位前辈"小生王"靓少凤，他去看我和我六姐陈少珍演出的《打洞结拜》，同时还专门请了许多老艺人一起观摩。我做完之后就问靓少凤："三叔[②]，我有没有做错呀？"靓少凤说："不但没有做错，而且还演得不错。我立即请你去澳门演出，我明天就去澳门找何贤[③]。"因他和何贤是好朋友，何

① 粤剧行话，称赞别人技艺全面。挂红须演二花面、六分，挂黑须则演传统正生行当，白须则是总生和公脚。

② 粤剧行内对靓少凤的称谓。

③ 何贤（1908—1983），知名爱国人士，其家族是澳门三大家族之一。他特别喜欢粤剧，乐于与粤剧艺人交朋友。

贤就是何厚铧的父亲。就在第三天，他回来对我说："得啦得啦，不过年尾没有多少台期，只得三日台期[①]。"后来我就去演了，那是在1948年，我只有十一岁。

何 车：棠哥，你讲到《打洞结拜》，有件事我想要向你求证，我曾听人说，你演《盗御马》的黄天霸时，与你演对手戏的演员，心中对你不服气，在戏服内戴个有钉的袖套，出台同你对打"手桥"，你事前又不知道，但只有忍住，因为黄天霸是英雄，没有理由示弱，演对手戏的演员龌龊的行为更激起你的英雄气，你忍痛与他对打，两三下就把他打得服服帖帖。这件事体现了棠哥你对戏的认真，还有你的英雄气，你是有真功夫的，如果你没有真功夫就打不倒对手，下不了台。请问这些功夫你是从哪里学的呢？

陈少棠：这件事，我从来不公开对别人说。我曾经对一位前辈讲过："有你在生，我都唔讲这件事。"因为怕得罪别人，现在他已过世了，就可以讲啦，这件事是真的。

我师父十四岁开始做戏，他是顺德人，他最崇拜花旦王千里驹。千里驹从农村出来，揸住个乞儿篮乞食。后来学做戏，他的师父说："你这么高大，只能够做大花面，帮他改个艺名叫'大牛驹'。"班中有一位男花旦，因为生病，临时不能出场，就找他顶角，大花面转做男花旦，结果一做就得，受到观众欢迎。那个年代，为什么会重视男花旦呢？因为封建社会男女授受不亲，男女不能同台演戏。潮州府最厉害，潮州知府有一次看潮剧演出，台上两公婆演对手戏，知府发现演花旦的是个女人，将她当场斩首，他们是两公婆都不可以，说是有伤风化，要斩头。所以那时男的做花旦工资很高。我师父也是做花旦的，我拿他的照片给你看看。

何 车：即系头光光的那一位？

陈少棠：因为他的名字叫邓贺钊，所以他的花名叫"光头钊"。

何 车：这个是靓仔棠（陈少棠）。

---

① 粤剧演出排期。

陈少棠：我记得几年前，红线女叫我对青年演员提意见。我说："郭凤女我曾经教你'推车'[①]，你汽水都未曾请我饮过一支。"凤女说："我过两天请你食饭。"接着红线女就说："你是小武。"意指我不懂得教花旦。我马上就说："我师父系光头钊。"她说："哦，钊叔、钊叔。"她还记得我师父。因为我师父身材高，扮相威武，所以多演武戏，还会踩跷[②]，演首本戏《十三妹大闹能仁寺》。他教我们"十大行当"[③]，对其他的表演排场、角色套路和开打程式都十分熟悉。所以我就是那个时期受到启蒙，就好似小学全科，样样都学，各个行当的"唱、做、念、打"，都要掌握。他对我说："一个演员要成才不简单。第一是'短命'，你叻仔实'短命'。""你成名了，做一年就好过做三世地主。很多人抵受不住社会环境的引诱，沾染上黄赌毒，或是失声，或是瘫痪，那将来你怎样养我呀。"因为我演不了戏，他就分不到那三分之一的工资了。我当时就住在香港柯士甸道，"师弟哥"一早就背我上山吊嗓，市剧团的人都熟悉他，叫叶伟雄，花名叫"撞死马"。

年轻时的陈少棠（左）与师父邓肖兰芳（右）合照

① 传统例戏《六国大封相》中特定的表演程式，指角色在舞台上推着用两面车旗虚拟的"木轮车"行进。

② 粤剧模拟扎脚女人的传统表演技巧。

③ 传统粤剧表演行当。一末（老生）、二净（花面）、三生（中年男角）、四旦（正旦）、五丑生、六外（大花面）、七小（小生、小武）、八贴（贴旦、花旦）、九夫（老旦）、十杂（手下、拉扯之类），合起来称"十大行当"。

何　车：还有个花名叫“大炮雄”。

陈少棠：他背我上山最多了，上山后就吊嗓，十大行当的声音都要学，大花面就嗌大花面的“卖豆腐”，花旦就叫“啾啾，来阿了”，学唱大喉《岳武穆班师》【首板】“金鞑子寇中原”。要扎住肚练，声音要落到下腹部。吊嗓有很多不同的方法，四川人吊嗓会蹲在地上对着井嗌。我教林家声一句“列位镇台请了”，只有六个字。

何　车：《封相》[①]里的担纲元帅。

陈少棠：《封相》这一句是一定要学的，这就叫“先声夺人”。

《六国大封相》是肯定要做的例戏，你不演就会俾人“炒鱿”[②]。这句是演站在中间的主角魏国元帅。

何　车：担纲口白[③]？

陈少棠：担纲口白！他是六国元帅的召集人，“列位镇台请了”，“镇台”就是招呼其他国家的元帅。如果这一句都念得不好，未能把声音传到最后一排观众的耳中，那你就会被“柴台”[④]。

何　车：食包啦！

陈少棠：观众就会说这个小武无声嘅，以后别的地方就不会请你去演戏了。所以一定要重点练好这一句，你叫得越响，观众就越欣赏你。香港有一位名演员阮兆辉，你认识他吗？

何　车：认识。他与你差一辈。他和我同年。

陈少棠：他比我年轻八岁，他曾对我说，有一年大会串[⑤]，由他担纲口白，有人说他不懂，本来他口白的路子是对的，但可

① 指粤剧传统例戏《六国大封相》。

② 广府俗语，炒熟的鱿鱼是卷状的，就像被解雇的人收拾好的包袱的样子。后引申为某人被解雇。

③ 传统例戏《六国大封相》中，演出规定六国元帅中只安排魏国元帅担纲道白，故称“担纲口白”。

④ 广府俗语，是喝倒彩的意思。

⑤ 按粤剧惯例每年举行一次全行的汇演。

能是先入为主的观念，都说只有林家声才讲得好。他很不服气，就专门从香港到广州找我，求证传统“担纲口白”是怎样的，自己的方法是否对。我对他说：“你的方法是对的。”接着，我又开玩笑说他：“可能是晚上玩得太夜了。”

何　车：哈，变成隔夜声[①]。

陈少棠：对，是隔夜声。他的嗓音不够响亮。

何　车：20世纪60年代时社会环境十分“革命”。新马师曾曾到台湾为蒋介石祝寿，被认定为“反动艺人”。但在演出《寒江关》时，我却听到你唱“新马腔”。当时你为什么这么大胆？

陈少棠：如果我当时知道新马师曾的情况，我是不敢唱的。我在越南，工资从七十元加到两百元，连演了百场，那时是1951年，我才十四岁，第一晚我就唱新马腔，当时最流行就是《光绪皇夜祭珍妃》的【乙反恋檀中板】。

何　车：“怨恨你老脰，点解生我出来……”[②]（笑）

陈少棠：（笑）那我就将《光绪皇夜祭珍妃》中的唱段再填词上去，将“怨恨母后，几番保奏不能为我分忧”改成“怨恨寇敌，多番侵我中原令我心嬲”，很受欢迎。因为越南那边的观众，很喜欢听新马腔。

何　车：20世纪60年代的广州，根本没有办法接触到新马腔。那时我看《寒江关》演出，就听到你唱新马腔。当时我就私下想，为什么棠哥有这样的胆量，我们就连听都觉得心惊。

陈少棠：当时我是这样想的，艺术无国界。我没有想新马师曾有什么罪，【乙反恋檀中板】又不是新马师曾发明的，很多人都唱，所以我在“哭灵”里也唱。

何　车：《寒江关》的“哭灵”？

陈少棠：对！是《寒江关》，薛丁山“哭灵”。当然我可以按传统来唱，但显得比较陈旧。

---

① 指晚上睡不好，第二天起来声音干涩。

② 这里是开玩笑改编，原版是《光绪皇夜祭珍妃》中经典唱段“怨恨母后，几番保奏不能为我分忧”。

何　车：所以你给我的感觉就是，当时你真有胆量。但过了不久，你就连名字都改了。到底你有几个名呀？陈细？

陈少棠：我一生从未改过名！

何　车：在工作队[1]那时，你不是改叫“陈细”吗？

陈少棠：是，当时我是去做过“工作队”。

何　车：是“低标准社教”[2]。

陈少棠：那时有个“四清”运动，现在的人无法想象当时的情况。因为靓少佳患病，他的角色就由我顶上了。香港有个工商代表团回来参观，是由李广海[3]的儿子带队。看我演《三帅困崤山》，我演剧中的先轸，师承靓少佳。他看后对别人说：“这个靓仔好犀利。如果到香港，谁也不是他的对手。”——这是卢启光后来对我说的。到了“四清”的时候，就批评我：“香港老板都说你犀利，你肯定是想去香港了。”当时想去香港就是向往资本主义，是很大罪的。

何　车：那时你给我留下很深的印象。一方面是你的唱腔，你在艺术上的走向偏向于新马腔，比较有追求。另一方面，你“陈细”的名字是作为革命化的典型。今天我想听听那时你在工作队有什么趣事。文化局拿出来宣传，陈少棠改名陈细落到农村，怎样到农村，如何艰苦，怎样同农民打成一片，我们都想知道当时的情况。

陈少棠：“四清”，是指“查思想、查立场、查作风、查经济”。查思想，香港的老板曾赞我，有人说“落香港，一定是你最叻”，你肯定想去香港，要我交待这方面的思想，检查了几次都未能通过。查作风[4]，就说我一定有问题啦。

何　车：那时受到极左路线的影响。

① “四清”运动时期，向广大农村地区派出的工作队。粤剧艺人曾被派往农村组成工作队。

② 1964年开始的“社会主义教育运动”。

③ 李广海（1894—1972），著名骨伤科医生。

④ 是指查不正当的男女关系。

陈少棠：我说如果我有作风问题就拉我去枪毙。后来又查我的经济问题。1964年，东莞茶滘大队银行叫我去取钱，五百元是从新加坡寄来的，写明陈少棠收。当时剧团领导周秀珍[①]叫我去取钱。在新加坡，我都没有认识什么人，哪有钱寄给我？最后华嘉[②]对我说："你不用担心。"他们怕我不去取钱，是想隐瞒同外国的社交关系。那时五百元都算一笔巨款，我哪会有钱都不去取。但我就是没有去取，银行又再来催几次，我说不是我的，你们可以通过政府去查。

事隔一年，最终查出了真相，真的有个同名同姓的陈少棠。原来是他姑妈在新加坡寄五百元回东莞茶滘给他在家乡盖新屋。这个陈少棠是农民，他的妹妹也叫陈少珍，是东莞茶滘大队属下一个生产队的，因当时没有门牌，又写得不清楚，那时我们和新加坡还未建交，要寄钱回来，就托人带五百元回来，去到人民路的银行把钱寄到茶滘大队。大队地址、门牌号，全部都不知道。刚好报纸登了一则消息说：陈小茶、陈少棠随朝阳剧团去东莞茶滘大队深入生活，排练《故乡情》。他们就写上寄到东莞县茶滘大队，写明朝阳剧团陈少棠收。但我不收，怎样逼我都坚决不收，不义之财，我是不会要的。所以查经济也是查不出问题。

何　车：搞完运动就把你们抽调回来排戏。我就记得是罗丽燕、你、练玲珠[③]排《南海长城》，准备参加"中南会演"[④]。最初是在杂技团集中，但刚排完，就调卢秋萍[⑤]过去，后来黄志明[⑥]也过去了。最后陈笑风也过去了。华嘉就说得出一个结论："革命化不等于艺术化。"眨眼间几十年过去了，1964年到现在都五十年了，如果作为艺人，我为你感到不值。你演区英才，罗

① 周秀珍，时任朝阳粤剧团的政治指导员。

② 华嘉（1919—1996），时任广州市文化局党委书记、局长。

③ 练玲珠（1932—1995），时任春风剧团正印花旦、副团长。

④ 指中南五省戏曲现代戏汇演。

⑤ 卢秋萍，20世纪60年代到90年代的著名粤剧花旦。

⑥ 黄志明（1939—2004），时任广州青年粤剧团主要演员。

丽燕演阿螺，练玲珠扮“伯爷婆”。老实说，已经是很为难你们了，要正印花旦做“伯爷婆”。但到正式演出时，又要换角。我想问，你当时是怎样想的呢？

陈少棠：那时并没有什么想法。

何　车：只讲革命？

陈少棠：此身属党，要我怎样都可以啦。

何　车：（笑）那个时代，人们真的是这样想的。

陈少棠：总之，我翻来就把自己交给党安排了。排《南海长城》时，我记得安排十个演员排区英才，九个演员排阿螺。那时华嘉是宣传部长，每个演员都要排队演一场，个子最高大的就是黄志宾，他的形象最威武。

何　车：蛇仔？！

陈少棠：他是舞台艺术家南佗的儿子。那时大家都试排一场戏，就像打擂台一样。最初我只是做“靓仔”[①]，是第二男主角。后来不知是什么原因，叫我马上看区英才的曲。

何　车：当时是行政干预艺术创作，连我们都想不通，棠哥你是怎样想通的。

陈少棠：我当时有种观念，在几位演员中，靓少佳比我年长三十岁，梁萌棠比我年长二十五岁，卢启光比我年长十四岁，李飞龙和陈笑风年纪都比我大十二岁，罗家宝就只比我大七岁。我把“首孝悌，始见闻”[②]的儒家理念当作做人宗旨。我年纪小就先让别人啦。

何　车：我正式接触棠哥应该是1978年底，市三团演《劈陵救母》的时候。

陈少棠：是“文化大革命”以后了。

何　车：是的。你演《劈陵救母》，我在中山纪念堂的乐池，每晚都看你表演。那时我对那段【寒关月】“抬头看，这毒

---

① 指粤剧《南海长城》中的一个配角。

② 此处陈少棠所引是《弟子规》第二句，原句应是“首孝悌，次谨信”。

箭囊，心生迷茫……”这唱段感到很奇怪。

陈少棠：是我写的。但我写了之后，给陈自强看，问他我这样改可不可以。他说可以。

何　车：以后凡有剧团演《劈陵救母》，都会唱你改的这段曲。后来我做导演，排这部戏时都叫他们唱这段曲。我偷学了你两种技艺。“打藤牌”是学你的，不是我去打藤牌，而是安排演员去表演。这段开打和两段曲，包括“与母亲相见”那段曲也是学你的。

陈少棠演《劈陵救母》的剧照

陈少棠：【泣残红】“妈，你为何事咁伤心，涕泪模糊，我痛苦……”

何　车：“妈，你为何事咁伤心，涕泪模糊，我痛苦”（与陈少棠合唱），是苏丽莲[1]与你对唱的。这两段曲，给观众很深的印象。我想知道你是演员，你怎么又会撰曲呢？

陈少棠：我十四岁在越南的时候，就开始自己改曲，就是靠改曲，我的工资才能从七十元升到两百元。

何　车：改一改曲就可以升到两百元？

① 苏丽莲，广州粤剧团主要演员。

陈少棠：不改哪有得升呀。以前的剧本就那么两句【滚花】，观众是不满足的。

何　车：所以我觉得一个演员要好像你所说“辫色武小丑，须挂红黑白”，编剧、导演、舞美设计、音乐员，你全都当上了。所以演员必须有多方面的素质，才能够在舞台上站得住，才能够把自己的艺术，尽量按自己的艺术特征充分发挥。“威水史”就讲得多了，自从那时开始，我就向你“偷师”了，后来你患病，要停演。

陈少棠：当时我患了急性黄疸肝炎。

何　车：领导就问：“谁可以顶替陈少棠的角色？”他们说：“阿本啦”。领导说：“要不要排练呀？”我说：“不用排练了，今晚演出都可以。”因为每晚你演出我都在下面“偷师”，早就熟习了。我想说，舞台表演要靠心思，你可以通过“偷师”去学的。你又未教过我，我想拜你做师父都未够资格啦，哈哈。后来我和你做了邻居，你的房间就在我对面。

陈少棠：我是404房，你是409房。

何　车：那时你转换角色，做了“车间主任”，整天开车床，“咣咣咣”搞机器。开始我很不理解，你是演戏的，你去搞车床做什么呢？你又不缺钱花，你开机器搞到神憎鬼厌，整座大楼都怕了你。后来我听说你去番禺剧团，不是打工，而是分份的。

陈少棠：分票价！

何　车：我想你讲下这两段经历。一是你为什么要去做“车间主任”？二是为什么你要去番禺剧团，还有分票价的胆识？如果晚上没有观众看戏，你就没法分了。

陈少棠：啊……

何　车：我想你分享一下，你不用“啊”，你那时很威风的。我想你谈谈这两段经历。

陈少棠：那时粤剧团有位干部，你最叻了，敢改他的花名叫“三湿干部”。

何　车：没有，不是我改的。“三湿”有“咸湿”“阴湿”，还有什么湿呀？

陈少棠：见到什么都想湿（捞油水）。那时要我们内部下岗。

何　车：退休，我记得那时很多人在四十八岁就要退休。

陈少棠：就在剧团二楼办公室，动员我们退休。说退休有什么好处，当时的文化局局长就是黎田。黎田讲：“我们要精简队伍……”那时被精简的人员也包括年纪比较小的，何家耀、何国耀[①]等。整天对我们说退休有这样或那样的好处。我们是演戏的人，会听言外之意的。我们就问：“是不是真的能批准我们退休？”他说：“你退休工资是百分之一百。”我马上拿包烟出来，把香烟都倒了，拆开香烟的包装纸，立即在上面写“退休申请”。

何　车：你真是听党的话啊。

陈少棠：不是听党话，我是气愤。

何　车：你退休后翻屋企开车床？

陈少棠：开车床我一分钱未曾赚到，我帮朋友就帮好多。

何　车：你是没有钱赚的“车间主任”？

陈少棠：我就把它当作玩具，现在我都还有玩的，别人无法理解的，我在九楼[②]也能够开车床，但我的车床，只有缝纫机那么大，每逢我买一部机器，就要买降压减噪音的设备，两者花的钱差不多。

何　车：还贵过机器？

陈少棠：又要弹簧避震，又要塑胶避震，又要现代喷流避震，我家里就像“秘密工厂”。

何　车：别人是没办法明白的，陈少棠是做戏的演员，现在在搞工厂。

陈少棠：2004年1月8号《广州日报》登了篇文章。中国新闻图片社记者洪甘棠写的，他来我家拍摄我的机器，他说退休玩麻将就不奇怪，玩什么都不奇怪，但退休玩机器就世间少有了。

① 何家耀、何国耀均为广州粤剧团演员。

② 陈少棠所住宿舍在九楼。

何　车：我在你家对门住，我的名片就与你不同了，我是“下岗孤寡贫穷病弱老艺人”，我是下岗，你是退休。所以你那时的心情，我能理解的。一个粤剧名演员不演戏却去搞机器。这是人不能尽其才，也算是一种资源浪费。

陈少棠：现在是习近平时代了。我最欣赏的就是陈建华[①]。他说：“向政府提意见，越尖锐越有水平。”当初我们在沙河顶十九路军坟场附近时，还被红卫兵减工资。

何　车：是广州外语学校。

陈少棠：当时要求我们自动减工资，陈笑风原来的工资是四百一十元，我是两百八十元。我自动提出减八十元，陈笑风减了一百元。后来要落实政策，因为财政部门是照样一直按工资额拨款，“文革”时是红卫兵要扣我们的工资，不是政府要减我们的工资，没有理由不发放给我们的。我们一共有三十九人，包括了谭青霜、何建青等编剧，写报告要求落实政策。他们推举我来写。

何　车：他们是“死老虎”[②]，不敢出声。

陈少棠：大家推举我出来，要求落实政策。那时是1981年，我写了报告就呈上给文化局，要求落实政策。他们（指领导）就说：“陈笑风，落实政策给你四百一十元，那你走吧。看看你出去一个月工资四百元有没有人请你，有没有人要你。”结果一出门，陈笑风就流泪了。当面嗺你呀。当时有个演武生的演员叫白玉珊，马上说：“五百元都有人要。”我说：“士可杀，不可辱！”在这样的环境，很多艺人都走了。拜拜，又离开一个！我们当时的心情就是属于报国无门。

何　车：其实我与你做邻居时，我就好理解你那时的心情。后来呢，你去了番禺剧团，“鸡尾攋断”[③]啦，我真为你高兴。我想听你在番禺粤剧团时的“威水史”。

---

① 陈建华，访谈时任广州市市长。

② 指在过去历次政治运动中被打倒的人。

③ 攋鸡尾是表演动作，这里指威风，风生水起。

陈少棠：由于我在家里要“坐凳”[1]啊，没有理由什么事也不干。罗响凡是番禺粤剧团团长，又是当地的人大代表。他问我：“有没有办法到我们那里？”我肯定不会去他们剧团啦。我记得在20世纪50年代，我曾经同我六姐陈少珍去韶关演出，有一种分配形式叫分票价。就是原来剧团的票价是五毫，我们加入参加演出就多收两毫，共收七毫，这两毫纸就是我得的。但如果上座不好就好捋命。假如只有十个人看戏，我和六姐就只得两元收入了。问题是以什么标准定价呢？加多少才算合理？在市四团的时候，卢启光和我、马丽明做主角就收一元。后来，我们没有参加演出，由苏定娴、徐醒飞主演，他们就收八毫，减少两毫。那就是说：我的身份、票价值两毫。番禺剧团原来收六毫，再加上我这两毫，就变成收八毫了。但如果回来广州演出，一定要演《十奏严嵩》这个戏。当时最支持我的是黄伟宁，后来他去做广州市人大常委会主任。他那时担任番禺县的县委书记。他听到陈少棠到番禺剧团，就说：“分票价就分吧，水涨船高嘛。”他那时是有压力的，没有这样的先例。之前我曾经和三水县粤剧团谈过，文化局长说：“我们是不请高价演员的。”我得到番禺县委书记的支持，才可以加盟番禺剧团演出。

何　车：你那时候捞到盆满钵满啦。

陈少棠：问题就在这里。有一次，我到平安戏院看戏，上后台见到女姐。她说：“听说你去到番禺剧团，好揾钱啊。”我说：“唔系几多啫。”“那揾到几多呀？”我说演了8场，分了一千多元。旁边一个干部说：“那么多呀。”女姐就说：“不算多，怎算多呢，看什么人出去咯。”

何　车：一千多元，算很多了，那时我才一百多元工资，你退休工资也都是一百多元吧？

陈少棠：是一百四十二元。

何　车：所以我就说棠哥盆满钵满了。

① 坐冷板凳的意思。

陈少棠：接着我和番禺剧团在平安戏院演出。平安戏院几年来二楼都没有卖票，那晚观众太多，只好推出二楼的票。后来马球[1]在舞台工厂门口碰到我。

何　车：他住在那里的。

陈少棠：他对我说："你做人老实是好，也要看对什么人老实才可以，对所有人老实就太蠢了。你说去番禺剧团做了八场就赚了一千多元，红线女说她也要走了。她在市剧团，一个月奖金才二十元封顶。你只做了八场就一千几元，现在她又要走了。"她提出："不让陈少棠出去，那我就不走，你让他出去，那我也要走，我也要去。"那市剧团领导就叫我回来。《十奏严嵩》在河南光明戏院演出，全场满座。我刚刚演红了，就要我离开番禺剧团，最成功就最翳气。

何　车：又成功又翳气，凡是成功的人都翳气啦。你有一个徒弟李伟昌，在南方戏院演出《马福龙卖箭》。马科做评委，他是上海的京剧导演，曾排演《曹操与杨修》，他是演戏出身的导演，不是学院派。他看完《马福龙卖箭》，就问："哪个师父教的？"他大赞《马福龙卖箭》，他说有机会一定要让这个戏到北方演出。让北方专家和观众认识南派粤剧。

陈少棠（右）与卢启光（左）演《马福龙卖箭》剧照

陈少棠：这件事我都听过。

何　车：这是真事。

① 马球，时任广州粤剧团人保科干部。

陈少棠：有个女的评委叫茅威涛[1]，大"朵"啦，曾经获过两次梅花奖的。她托李伟昌送一本她的演出特刊给我，并且签上了她的名字。我的朋友见到就问我："茅威涛送书给你，是不是跟她很熟？"我说我并不认识她，只是她看了李伟昌的演出，认为他老师的艺术肯定不错，因此就送了一本书给我。马科曾经说过，有些评委不一定看懂这些戏，他们给出的分数太低了，自己想评高一点又怕让人"去头去尾"[2]。

何　车：那天给最高分的是马科。

陈少棠：最高是他，但他还想给高一点。结果是让人"去头去尾"了。

何　车：这里牵涉一个问题，棠哥，我对剧协都这样说的，有些评委是不懂的。剧协领导就问我该怎样？我说："先考评委，再去评青年演员。"

陈少棠：考评委我没有参加，我做旁听。

何　车：评委都不懂艺术，该怎样评，比如说打跟斗，你都不懂跟斗，你评什么呢？评唱功，上下句[3]都不懂，你怎样去评判高低呢？你认为茅威涛好、认为马科好，因为他们在艺术上没有偏见，这样才有真知灼见。我们有些评委听到大锣鼓，就已经不顺气了，他们认为传统粤剧过时了。我之所以会提起这件往事呢，是为了证明南派粤剧还是有识货的人，还是有艺术家欣赏的。马科赞过，茅威涛是女小生，也懂得南派表演。

陈少棠：茅威涛在那本书上面签名，称呼我为"陈少棠老师"，我都未见过她的。

何　车：她是浙江有名的女小生。其实每个人艺术欣赏喜好

---

① 茅威涛，著名越剧表演艺术家，中国戏剧家协会副主席，浙江小百花越剧团团长。

② 现时艺术类比赛中常见的评分规则，指去掉评分中的最高分和最低分，然后再计算平均分。

③ 粤剧板腔基本规律，一般上句结束是仄声，下句结束是平声。

都不同。我相对喜欢看你演的戏，开始是《寒江关》，后来是《劈陵救母》；还有一套戏，你比较少演，但我很喜欢这套戏的，就是《狄青怒斩黄天化》。我很想问为什么这套戏后来没有演出呢？

陈少棠：《狄青怒斩黄天化》是获过奖的。

何　车：在广东省艺术节。

陈少棠：我记得是在光明戏院演出的。

何　车：这套戏我十分感兴趣，几位演员，包括马丽明、培哥[①]，他们的表演都很好，我觉得这个戏不演下去就浪费了。为什么后来不见你演这套戏了，又没有教其他人去演呢，到底是什么原因呢？我个人觉得，你和锦哥[②]都能够发挥各自的表演特点。你们两个角色的戏份差不多。

陈少棠：1981年的戏曲汇演，就设了三个一等奖，我六姐是评委之一，知道具体情况，全票通过的一等奖，一个是红线女，一个是我陈少棠，陈笑风仅仅过半数，卢启光获三等奖。

陈少棠（右）与六姐陈少珍（左）合影

① 指粤剧名演员李飞龙，原名李海培，所以行内人多称他为培哥。

② 指粤剧著名小武卢启光，原名卢锦培，所以行内人多称他为锦哥。

何　车：陈笑风那次是演《天罡剑传奇》吗？

陈少棠：演《昭君公主》的呼韩邪。

何　车：那肯定不行啦，要粘须演出，怎样获奖呀？那个戏完全不对他的戏路。

陈少棠：当时卢启光很不服气，亲自去文化局，找华嘉局长："评了我三级，陈少棠评一级。我以后怎样面对？"第二次会议，就折中主义啦，把他改评为二级，升了一级。岂料在评委会一提出来，遭到评委反对，反对得最激烈的就是广州军区战士话剧团的导演。

何　车：傅冰[①]？

陈少棠：我不在场，是我六姐讲给我听的，陈少珍是评委，她也在场。总团长邓宝说："这样做就是愚弄我们这些评委，又要我们讨论，我们讨论得出结论，你又推翻，那不如你们自己封好了。"当时闹得不可开交，后来我就说："锦哥，不要争了，不如再来一遍，我同你调换角色演一场，我演狄青，你演黄天化，大家调换演一晚试下啦。"

何　车：就好像马老大同文老七[②]，大家调转演《刘胡兰》中的石庭槐。

陈少棠：我提出互换角色来演一晚，结果就不吵了。卢启光由于整天骂剧团的领导，说领导冤枉他坐监[③]。当时的领导是不想给卢启光演戏的，那用什么方法呢？总团宣布可以自由组合，谁都可以组织剧团，哪个先开始组织，哪个艺术质量好，他们就同意哪个剧团。在当时这是一件大事。

何　车：那时叫"自由组合"。

陈少棠：当时陈小汉曾到我家中，与我商谈组班事宜。我说："我们一对，肯定好啦，有文有武，一定会旺台。"我们用

① 傅冰，时任广州军区战士话剧团导演。

② 马老大指马师曾，文老七指名丑文觉非。

③ 卢启光于1964年被错判监禁二十年，后于1979年正式平反。

一天就组织了一班人。不知道是不是有人跟卢启光说我企图排挤他。顺德杏坛有五位香港老板回来拜山，想请戏班演戏，最多老倌就是我们剧团了，当时叫广州粤剧四团。最早演的那套戏就叫《花街藏节妇》，第二次改名就叫《雷劈好心人》。香港老板回来出钱请戏班演《雷劈好心人》！那不是要劈香港老板？！不行，要改戏名，就改为《不负好心人》。他们又问："《不负好心人》是不是现代戏呀？"（香港观众怕看现代戏）最后又改为《三戏绝情刀》。后来又说《三戏绝情刀》不好，适逢春节，不要那么绝情啦。《喜折绝情刀》，喜是欢喜，折就拗断，最后就这样定下来了。那时的思想是很奇怪的，总团刚批准我们组织剧团，那时我又不想做了，我不想别人误会我排挤卢启光。但反过来，卢启光又误会我排挤他。去顺德杏坛演出那晚，他"大刀花咪头"[①]，大刀反刀打在我背上，打到我整个人趴在舞台上。下面的观众就惊叫起来。马球第二天早上立即带我去医院，那个医生医术好，没有留后患，不会翻风落雨就觉得疼痛。

何　车：李伟昌是你徒弟，但在剧院的时候，谢汉昌是你的徒弟。

陈少棠：我从没有说过。

何　车：我知是领导安排分配的。

陈少棠：不是！

何　车：不是？

陈少棠：领导没有分配过。他来问过我，我有跟他说："这段曲应该是这样唱的，这段戏应该那样演的。"但他不算我的徒弟。你问我有几个徒弟，这是一个非常大的难题。

何　车：到底有多少个徒弟跟你？

陈少棠：说我是他师父的，我自己都数不清。这个又说是徒弟，那个又说是学生。关键是我承认才行呀。有一次别人问我："喂，陈少棠，这里写你是艺术指导，那边又写你是艺术顾问，

① 粤剧演出武打套路。

一共有四个剧团写你的名字。”其实我完全不知道，我都不认识这些剧团。

何　车：那你究竟有几个徒弟？

陈少棠：无从得知。（何车拿起桌上的照片）

何　车：这是罗家英、汪明荃[①]。

陈少棠：这个是李奇峰。

何　车：我知道，我认识。他是香港八和会馆的理事。

陈少棠：我曾经同罗家英的徒弟说清楚：“罗家英是你的师父，是你的开山师父，我都是你的师父，我不会不承认你这个徒弟，越多师父就越好。”

何　车：是越多徒弟越好！

陈少棠：那要看是什么徒弟了。有的徒弟就像《西河会》中那个郭崇安，强抢师妹，踢死师父。

何　车：连平阳知府都打死了。

陈少棠（前排右二）与汪明荃（前排左一）、罗家英（前排左二）、李奇峰（前排右一）合照

① 汪明荃，香港著名演员，八和会馆主席。

陈少棠：他打死师弟，发暗箭伤害师兄，那些也是徒弟？所以，我们收徒也要好好选择。

何　车：其实我认为，粤剧需要传承，现在我们都算是老人家了，要将表演经验和技艺传授给年轻一辈。你从你师父邓肖兰芳那里承习了技艺，那你又将你的艺术传承给下一辈。希望你能够通过努力将粤剧艺术发扬光大。

陈少棠：1992年，我到香港演出《三帅困崤山》，那次的演出就叫“两省（区）一市南派粤剧展演”，广东省内除广州以外的地方、广西壮族自治区、广州市，叫两省（区）一市。当时，香港中文大学有个博士叫梁沛锦，由他亲自打报告给当时的港督麦理浩，麦理浩拨了一百万元港币搞这个演出。那次展演又是一波三折啊！皆因你的师父红线女。

何　车：又是我师父？我什么时候又变成红线女的徒弟了？

陈少棠：她说：“戏剧是不分南北派的。”但我听到你在电视上说：“怎么没有分南北派呀？拿把子哪只手在前，哪只手在后；右手先锋就是南派，左手就是北派。”我知你懂，敢言，红线女说的话你都敢驳！就是有分南北派的，我早就听你说过，有什么理由不分清楚呢？结果，她打电话给我，同我在电话里争论了很长时间。她说：“就是不应该分南北派。”我问她：“你做戏有没有在舞台上流眼泪？”“有呀，我会哭，我有眼泪。”“那京剧的演员有没有流眼泪？”她说没有。那他们是写意表演，你就是写实咯。这样就有区别了，就有我们的地方特色了。

何　车：京剧没有“水波浪”，京剧没有“三批”，京剧没有“踏七星”，京剧没有“哭相思”。

陈少棠：京剧有“飞腿”，但京剧没“挂脚”。什么叫“挂脚”？很多人都说错了，哪里有“挂脚”，应叫“跨脚”。跨过裆，用来踢对方裆部，不是用来打头的。他们的“飞腿”用作打头，打对方颈部，两个作用是不同的。我曾经叫韦超明[①]不要教

① 韦超明，广州粤剧团演员。

北派，要教就教南派，如果剧团请李少春[①]的孙子到广州教戏，那他只能坐在一旁，哪里有他说话的地方。但他教南派就不同了，南派他懂而李少春的孙子不懂，那就不一样了。所以我叫韦超明要争取演戏，如果你做得到香港尤声普八成的功夫，就一生都不用愁了。

何　车：现在，社会和行内都公认南派和北派是不同的艺术。

陈少棠：还有一样，北派是不能够代替南派的。例如《三岔口》任堂惠上场。

何　车："走边"。

陈少棠：走完边，正面"俺，任堂惠！"，京剧就不能代替我们的地方语言。演员上场身段表演很漂亮，但一开声就不行了。

何　车：各个剧种都有自身的特色。

陈少棠：我在香港演《三帅困崤山》。演完"先轸陈言"那一场，罗家英立即来后台，给我斟茶。"棠哥饮茶。""你贵姓？"我问。"我叫罗家英。"

陈少棠与卢启光主演的《三帅困崤山》剧照

① 李少春（1919—1975），著名京剧表演艺术家。

何　车：不是吧？你问人贵姓？你不认识他吗？

陈少棠：我没有看过他演戏。他说："我叫罗家英。"我说："啊，你大名鼎鼎。""你教我啦，我看过那么多的小武戏，这是最好的。"我是照原话说的，不是自己为自己宣传。"我好多小武的戏都看过，从白玉堂开始到现在，已经好多代演员了。"我说应该是看你们发挥的时候了。他说："不是，我们要多向你学习。"他很谦虚。我说："我怎敢教你们啊。在电视方面你的名声比我高一百倍，赚钱你比我多一万倍。我有什么本事可以教你呀？我哪能像你赚那么多的钱呀？""不是用钱衡量，是谈艺术。今晚去食宵夜，具体谈谈，看拜师有什么条件。"那晚卢启光、打锣师傅林钧大家一起去食宵夜。第二晚就演出《十奏严嵩》，汪明荃看完来后台说："的确好精彩，昨晚家英回去，整晚赞你。"

1995年她和罗家英到广州，通过文化局李坚联系我，请我教戏，当时我同意了。2004年她与罗家英排《万世流芳张玉乔》，又跟我提起拜师的事，希望我教他演《三帅困崤山》的先轸。后来罗家英、汪明荃到广州演出，演出结束后，汪明荃还未卸妆，第一句话就问："你看家英演得怎样？你是否认同他的演出呀？"我说肯定不错啦，他的"一字马"[①]难度大过我，因为他左右开弓都可以，我只能够左脚在前边，他样样都好，就差临门一脚，或会射出界外，或会射正门柱[②]，这是路子问题。当时同行有一位《华侨日报》的记者，叫朱侣，笔名招箓墀。我评点第一场怎样做，第二场又该怎样，我只是提意见，讲我自己的感受。最后招箓墀说："今晚我听你说比看戏还好。"我说："你不要这样说，那很容易得罪人的。"她说："我从来不怕得罪人的。"后来我一打听，才知道这位朱侣真是个女强人。

---

① 又称"劈腿"，两条腿前后分的叫竖叉，左右分的叫横叉。

② 足球比赛中射入球门为得分，射中门柱就是差点得分，这里引申为表演还欠一点火候。

何　车：她现在还在写评论文章。

陈少棠：厉害。我落香港之前最害怕的其中一个人就是朱侣。

何　车：朱侣是写剧评的权威，她已经七十多岁了。

陈少棠：卢秋萍的先生吴建邦，他说广州的剧团第一次到香港演出《卖怪鱼龟山起祸》。

何　车：《卖怪鱼龟山起祸》，即是《蝴蝶杯》。

陈少棠：第二天报纸上登出题目《白超鸿将军无形》，我不理解，为什么“白超鸿将军”会“无形”呢？原来他是说白超鸿演的将军没有表演身形，点评得一点也不客气。所以我心想香港对广州演员有偏见，我去香港演出时就准备看他们怎样批评我。怎料第二天报纸头版头条，中间还有我的一张大相，赞许声音多。过了两年，李坚打电话给我，说香港有个演员想见我，那个演员今晚要回香港了，我能不能马上来见一见？我还在摆弄机器，就立即洗手出去。去到酒店就见到汪明荃，她和我谈了很多艺术表演的问题，最后她提出：“你一定要同我教好家英。至于经济上的报酬，我会尽可能满足你。”我说：“我教人从来没有讲过要收钱，学生通过艺术赚钱，花不完回馈一点，我也乐意接受。”之后王四郎[①]打电话给我：“棠哥，你一定要帮我收个徒弟，我从来没有求你，你千万不要‘托我手踭’[②]，这是我的死党，我穿州过省，去外埠都与他一起去的，叫温玉瑜，他原来是罗家英的徒弟。”我第一句话问：“他表演有没有‘乸型’[③]？”王四郎说：“他高大威猛。”因为我觉得演员的气质是很难改变的。后来温玉瑜常来广州请教演戏的技艺，我也指导过他。刚好新加坡胡桂馨又想排演《三帅困崤山》，原来想找我去演，但听到我中风了不能演出，就问我能不能把录像带给她看。我说可以，但她还不能来，因为我住在九楼，没有电梯，她

① 王四郎（1942—2014），粤剧龙虎武师，师承粤剧名小武靓少佳。

② 广府俗语，意思是推搪、拒绝别人。

③ 广府俗语，指男子行为举止阴柔，缺乏阳刚之气。

很难步行上来。她就说："我一定要去。"我说："行得好辛苦啊。""我不怕，我一定要看看这个录像。"看完以后，她说："棠哥，你如果没有病，我就不用全世界到处找人演先轸啦。"然后，我推荐了温玉瑜演，温玉瑜排"斩三帅"那一场，当时有十三个国家的演员同聚在一起，他们十分欣赏，鼓掌赞好，排练完了立即给温玉瑜每晚加了几千元工资。温玉瑜在新加坡演出的海报上说："常上广州对陈少棠执弟子之礼。"

何　车：温玉瑜演戏，我都有看过。棠哥，今日多谢你，一是多谢你讲了那么多故事，使我们很受教益；二是希望你保重身体；三是多教一些徒弟，多出几个温玉瑜，多谢！多谢！

陈少棠（前排右）、何车（前排左）与《访谈录》编务组工作人员合照

访谈感悟

谁会想到大名鼎鼎的汪明荃、罗家英曾多次拜谒面前这位老人家，罗家英更是多次向他请教粤剧表演技巧，他就是陈少棠老师。棠哥的人生经历十分丰富多彩，幼年学艺于香港邓肖兰芳门下，少年得志，被誉为“神童”，新中国成立后积极投身于粤剧事业。在舞台上，他锋芒毕露，全力以赴，力争第一，即使遭逢“文革”巨变，仍不改心志，不轻言放弃，敢于坚持自己的原则。

棠哥独特的个人性格给我留下深刻的印象，以“桑榆非晚唱霸腔”这一句话来形容棠哥实在再贴切不过了。我觉得棠哥就是一个不服输、不甘人后的人，他不仅在舞台上如此，在生活上也是如此。棠哥中风后，凭着顽强的意志，重新站了起来，仍然致力于粤剧的传承与发展。正是：少年得志武艺精，一生打拼为前程。风云巨变身飘絮，老而弥坚唱霸音。

冯　劲

访问日期：2014年7月17日
访问地点：广州粤剧大院
受 访 者：林玉梨
笔录及整理：冯 劲

『高凉粤韵玉梨情』

——林玉梨访谈录

林玉梨，原茂名粤剧团团长，曾担任茂名市政协副主席，自小喜爱粤剧，长期在“下四府”从事粤剧表演工作，其代表作有《沙家浜》《蝶恋花》《生死奇缘》《梁山伯与祝英台》《红梅记》和《齐妇含冤》等。

林玉梨是一个在艺术管理和行政管理上都十分出色的经营者。她任剧团团长时，剧团发展曾一度低迷，人员流失严重，她想到了安居才能乐业，要建宿舍楼来稳定人心。在计划建楼时，她又想到，要将头三层用作商铺出租，大大增强了剧团的造血功能，增加了剧团的收入。在解决剧团住房问题时，她多番奔走，先是争取到剧团旧宿舍的产权，再到集资建楼，进而贷款建楼，此外，她还懂得卖“楼花”——需要租用大楼商铺的商家先交订金，利用这笔钱解决建楼资金不足的问题。梨姐做的这些事情，功在当代，利在千秋，为茂名的粤剧火种不灭和长期发展打下了坚实的基础。

何　车：林团长，欢迎你！其实算一算，认识你都有二十年了吧。

林玉梨：应该有了。

何　车：我记得第一次去茂名，是首届全省中青年演员技艺大赛，我和省剧协刘尚智[①]一起去选拔节目。那是第一次正式去茂名看戏。我记得差不多是二十年前的事，20世纪90年代的事了。

林玉梨：1992年、1993年的事吧。

何　车：是吧，那都有二十多年了。时间过得很快，梨姐还是那么精神，那么靓女。对于你本身的艺术经历，相信不仅是我，很多很关心你、关心声仔[②]的同行都很陌生。我想请你介绍一下你的艺术经历，你几时入行的？

林玉梨：入行时我应该是十一二岁。为什么会做戏呢？因为我爸爸是在剧团里面做业务的。以前来讲，就叫……

何　车："柜台"[③]。

林玉梨：对。那时戏班是很少演出时间的，三个月一届班。我那时什么都不懂，反正他带我去，我就跟着去。我记得当时有海棠红剧团、万年红剧团、胜寿年剧团……

何　车：胜寿年是大班啊！佳叔的团。

林玉梨：那时我还很小，他做《六国大封相》，我做拿扇的。做过很多剧团都记不起来了。那时的演员有郭媚珠、王上王、王中王、伍少卓、苏文侠等。后来就跟着郭媚珠学做戏，学了三个月，我妈妈说："不要做戏了，回来读书啦。"于是我就回江门读书了，后来放假，我妈妈认识湛江粤西粤剧团的人，就叫人带我去做戏，于是我又去做戏了。

何　车：又去咯。反正玩过上瘾了。

林玉梨：那时我妈大胆，我什么都不懂，就帮我接了第四花

① 刘尚智，时任省剧协艺术室主任，舞美设计师。

② 指黎骏声，林玉梨的儿子，现为广州粤剧团著名演员。

③ 旧时粤剧戏班中，有一个行政管理部门，名为"柜台"。

旦。剧团就叫粤西剧团，那时好像叫“文联粤中第一队”。

何　车：那是很早之前的事情啦，那时“戏改”刚开始。

林玉梨：好像是1950年。我是1954年去那里的。一到剧团就改成“粤西”了，那时有什么演员呢？有谭天亮、朱伟雄、杨秀珍。朱伟雄、杨秀珍就做文武生和花旦啦，谭天亮就做“边”，谭飞雄做武生的，许玉莲做第二花旦，黎树权（梨姐丈夫），做“二式”，李文廷做“老小”。后来，有些人就走了，例如朱伟雄。

何　车：朱伟雄回吴川了。

林玉梨：好像不是一离开就回吴川的。

何　车：哦，有段时间在省团，后来再回到吴川。

林玉梨：朱伟雄、杨秀珍离开后，妃子笑、冼丽云、梁鹤鸣这些人也离开了。到1957年，孔雀屏、谭笑风来了。这些演员来了后，主要演员基本就定下来了。那是“整风”①时期。

何　车：啊！你还记得呀，1957到1958年“整风”。

林玉梨：那时的演员主要有谭天亮、孔雀屏、谭笑风、李文廷、许玉莲、白云霞、黎树权、李悦强，这班演员一直演到“文化大革命”开始。

何　车：那你是“文革”后才去茂名的？

林玉梨：是呀，我是1970年去茂名的。我在湛江剧团时，演雀姐②担的戏，如《悦城龙母》《寸金桥》《牡丹亭》《鸳鸯玫瑰》《车从深圳来》《李双双》。《李双双》那时也有在电视上播，演出后周总理还上台与演员握手。《车从深圳来》这出戏由我担纲。雀姐的《悦城龙母》是何锡洪、黎树权、李悦强他们写的。

何　车：我知道，何锡洪当时已经在那里了。

林玉梨：最有趣、最惊心动魄的是，那次去赤坎，雀姐突然病了，要我顶替她的龙母角色。还是第一晚上演呀，更加紧张，下面的观众看戏，是用手打着拍子的。

---

① 指1957年在全党范围内开展的以“正确处理人民内部矛盾”为主题，以“反对官僚主义、反宗派主义和反主观主义”为内容的“整风”运动。

② 指孔雀屏，当时是湛江粤剧团花旦。

何　车：是呀，“四邑”[①]、东莞都是这样的。

林玉梨：幸好都过关了。后来听人家说，那个花旦仔还不错的，就是嫩了一点。

何　车：是你长得漂亮呀。

林玉梨：剧团的人传回来，大家都说：“阿梨你可以了，这里的人都不“弹”[②]你。

何　车：很多演员都是这样上位的啊。芳艳芬、红线女也是这样上位的。那时很多演员都这样想：求神拜佛，什么时候他病了，我就有机会上位了。（大笑）

林玉梨：我从来都没这样想过。我顶替过很多次雀姐的戏，演《悦城龙母》，她演龙母时，我就演第二花旦，饰演海龙王的老婆，出广州基本都是我演的。有一次我们去钦州演出的时候，第二场做“罪夫”[③]，但雀姐又病了，出完第一场，下台后马上就要我顶替她的角色。

何　车：这些“劈”[④]戏就“下四府”厉害一些。

林玉梨：《金麟记》《穆桂英》《芦荡火种》这些戏后来雀姐他们不做了，都交给我们这些青年做了。

何　车：那我大胆问一句，这么长的一段时间，你是跟谁出身的呢，即正式跟的师父是谁？

林玉梨：我妈妈认识粤西粤剧团的人，然后就介绍我进剧团了，我都忘记这个演员的名字了，后来跟着许玉莲学习，她算是师父吧。

何　车：你有没有正式拜师？

林玉梨：那就没有。但是剧团里的人个个都是我师父。他们

① 一般指台山、开平、恩平、新会这四个地方。

② 广府俗语，有贬低、批评的意思。

③ 传统粤剧《穆桂英》里的一折戏。

④ 劈柴时，经常会遇到一些纹路不规则的柴，需要花大力气才能劈开。戏行中人渐渐把“劈”字用来形容花大力气完成演出任务，如把从未演过的戏剧马上攻克下来，就可以称之为“劈”。

做戏的时候，我们新人就在旁边观看学习。

何　车：就是偷师。

林玉梨：我们新人做得不对的，他们就指正。如果讲正式拜师的，我就没有，但是有一个音乐师傅很用心地教我，他的名字叫杨湘。杨湘就是杨达[1]的第五个哥哥。

何　车：哦，杨达排第七。

林玉梨：是的，杨达是七叔。

何　车：哦，陈路诗[2]叫他七哥，你们叫七叔。

林玉梨：杨湘逐字逐句教我唱腔，他是玩扬琴的。他还有个六哥，是吹色士风[3]的，叫杨业，在同一个剧团。他们对我都很关心。许玉莲就是杨业的太太。总的来说，我的唱功师父就是杨湘，其他人也从旁教导我。每天早上五点左右，杨湘就带我们一批女孩子上山练声，有白云霞、吴观莲、我。我们从早上五六点钟一直练到出太阳，我们轮流练习，不练时就采摘山中的紫背金牛、独脚金等草药。

何　车：我觉得你漏了一个师父，黎树权？他肯定是的。

林玉梨：我先生对我帮助很大，尤其在文化方面，因为我读书很少，才读了一两年书。我在茂名的时候，他写了很多剧本给我演，《生死奇缘》《姐妹花》《珠海琴涛》等。在湛江时，他就写了《相思树》，我和他演的，因为当时没人演，他做“鹤”[4]，我做花旦。《牛郎织女》是他改编的，他和白云霞演的。除此之外，他与剧团的同事也改编和创作了很多戏，如《寸金桥》《悦城龙母》《李双双》《红军张桂芳》等。在高州时，他们写戏很辛苦，经常通宵，没时间睡觉，没精神就喝咖啡提神。《李双双》这出戏，是当时准备上广州汇演前写的，写一场排一场；《寸金桥》也是一样。那时在湛江群众剧场排戏排得很

① 杨达，著名粤语相声演员。

② 陈路诗，广州粤剧团演员。

③ 指萨克斯管，西洋乐器。

④ 戏行行话，指“文武生”。

晚，我们的大儿子才几个月，我们每天累得倒头就睡，儿子醒了在哭闹，全宿舍的人都被吵醒了，我们也不知道。最后搞到要业哥拿竹竿捅我们的天窗来吵醒我们，我们这一批人都很拼。

何　车：是呀，为了争一口气。你先生是什么出身，为什么他会写戏？

林玉梨：他是老师出身，他是在江门外海做老师的。当时，粤西剧团招人，有一个指导员对他说："你声音这么好，不如去报名考试啦。"他在学校，也是搞文娱的，后来一考就成功了。1950年就入剧团了，既做戏也写戏。

何　车：跟"马老大"一样，从老师转行做戏。你们这段感情经历由他帮你写戏开始。早知，我也写戏给花旦演，也可以娶个花旦了。

林玉梨：他刚开始写戏是给孔雀屏演的，后期去了茂名，就写给我演了。《相思树》就是在湛江写的，我们一起演的。

何　车："文革"后为什么又回去茂名？

林玉梨：我们"文化大革命"后就去了"干校"，在阳江温泉，去了几个月，湛江有人上来想调我回去，但我不愿意，因为我曾见到茂名演出都是大班，都是比较大型的歌舞团，我就觉得茂名可能有发展空间，后来茂名上来要人，我们就去了茂名。

何　车：叻！"宁为鸡首，勿为牛后。"[1]这个点子是你先生想的，还是你想的？

林玉梨：我们当时没想这么多，我们不想去湛江，只是因为想留在"上六府"[2]，后来"上六府"没来要人，曾经有段时间想过去阳江的，不过宣传队的人说阳江条件不好，再后来茂名上来要人，我们觉得茂名不错，所以就去了。

何　车：一去就几十年了，一直在茂名工作到退休。你去

① 宁愿做小而洁的鸡嘴，而不愿做大而臭的牛屁股。比喻宁在局面小的地方自主，不愿在局面大的地方听人支配。

② 明清时期，广东分十州府官治，"上六府"指广州府、端州府、惠州府、潮州府、韶州府、南雄府。

时，“绿衣鬼”[①]还在剧团？

林玉梨：不在了，那时剧团已经解散了，我们去了宣传队。

何　车：那时去茂名还有谁？就你夫妻俩？

林玉梨：那时，我们去了一批人的。我和我先生、李悦强、白云霞、黄德明、何锡洪。

何　车：实际就是湛江的青年骨干都过去了。

林玉梨：我们当时去了宣传队，跟着他们做一些短节目。我唱阿庆嫂的唱段。后来在七几年，就排《沙家浜》，由我担纲，李悦强演刁德一，我先生演程书记。

何　车：李悦强不应该演刁德一，他应该演胡传魁。

林玉梨：不是呀，宣传队里已经有个“胡传魁”了。

何　车：哈哈，比李悦强还肥。

林玉梨：李悦强当时还不怎么肥的，他演刁德一还是不错的。

何　车：那时都是演这种现代戏了。

林玉梨：是呀。

何　车：其实你演艺事业最辉煌的时候都是在茂名。你觉得哪一套戏是你演得最好的。

林玉梨：我觉得我演《沙家浜》是不错的。直到2013年，我去茂名“食年例”[②]，有一个人一直盯着我，问我：“你是不是阿庆嫂？”我说：“没错，我是林玉梨。”“你是演阿庆嫂的啊。”在茂名，四十岁左右的人都叫我“阿庆嫂”。我觉得我做得比较顺手的戏，一个是《沙家浜》，一个是现代戏《蝶恋花》，一个是《生死奇缘》，还有一个是《梁山伯与祝英台》。

何　车：《梁山伯与祝英台》，反串？

林玉梨：没有，我演后一段。前面一段是梁碧演，她是从信宜调过来的。《梁山伯与祝英台》和《红梅记》我觉得都很合身份。我们那时在水东演《红梅记》和《梁山伯与祝英台》，附

---

① 粤剧丑生绿衣郎的绰号。

② 茂名、湛江等粤西地区过年的习俗。

近高州、信宜、化州的群众自发包车过来看。当时演戏不止演一晚，连续几晚都是演同一套戏，《梁山伯与祝英台》是最出名的啦，《生死奇缘》那时还没出，在20世纪80年代才推出的，《红梅记》也在演了，其中《齐妇含冤》我们是上下集合在一起演的。

何　车：黎老师有没有专门为你开戏，即专门为你写剧本，度身定做？

林玉梨：去了茂名后，他写的戏就是专门为我写的，一个是《生死奇缘》，一个是《珠海琴涛》，后面这出戏我们到湛江调演，获得了二等奖。这出戏中的诗词文赋太多了，个人觉得是太文了，不过我喜欢。《湛江文艺报》的主任戴汉光很赞赏这个戏，他说这个戏写得比《生死奇缘》还要好，不过《生死奇缘》的台词直白一些，大家比较熟悉一点，《珠海琴涛》就比较文雅。

何　车：据我所知，黎老师还排戏的呀。

林玉梨：是呀，《蝶恋花》就是他排的，《生死奇缘》也是他排的。《珠海琴涛》是他和黄玉星（黄德明）一起排的，一起导的，但出力的主要是我先生。《蝶恋花》是我先生一个人导的，那个剧本是我们去外省拿的，写得很好、很感人，我们排到中途排不下去，就是因为那些青年女孩哭得太厉害，就是送杨开

粤剧《蝶恋花》剧照

慧那一场。

何　车：我觉得你刚才说的这种模式是相当好的，度身定做，我帮你写戏当然是从你的特点出发来写的，我认为这种模式是很适合基层剧团的。

林玉梨：那时剧团没钱，请不起导演嘛。

何　车：也不是这样说的，也要有本事才能导得好，有几个能像黎老师一样，既懂演戏又懂写戏和排戏呀。你在“下四府”演了那么多戏，在“上六府”也演过、看过那么多的戏，你觉得“下四府”和“上六府”在表演风格上有什么不同？包括音乐伴奏、唱腔，以及戏的内容。它是按照观众的喜好和欣赏的角度去开戏、写戏的。我就听讲过了，虾哥去吴川就不一定受欢迎的。

林玉梨：广州观众喜欢听“唱”，“下四府”喜欢看“打”，喜欢看武场戏，农村观众喜欢看以“打”为主的戏。

何　车：就是“下四府”喜欢排场大、人物多的戏。我知道几个小生去到那里都比较不受落。比较受欢迎的就是朱伟雄这些人了。

林玉梨：朱伟雄演“大审戏”很不错的，很威风的。

何　车：他演的戏我倒没看过，比较少接触“下四府”的戏。

林玉梨：他演“大审戏”够威，其他戏就比较“挲厘”。

何　车：很多人都这样说过。

林玉梨：他演戏时常常会吐舌头、舔嘴唇。有时演戏忘词，就会说：“哎呀，公主呀。”很多人模仿他这句。不过，他演“大审戏”的确很不错。

何　车：我不认识他，没跟他打过交道。不过，后来“细路锦”卢启光去吴川演出时，我见过他。

林玉梨：他那时应该没做戏了吧。

何　车：阿声跟我说，他跟我一起演过戏。我说：你什么时候跟我演过？”他说：“那时放暑假得闲，跟着你打跟斗。”那是20世纪80年代的事了，当时锦哥拉了一班人去演出，他演“鹤”，要找个“老小”衬托他，我就做“老小”。我从柳州回广州后，就由李悦生顶上。我是溜出来玩几个月而已的，不过那边的观众的确有些不同，观感不同。所以，你们上来省汇演，这里的观众对你们也感到很新鲜。

林玉梨：我也喜欢演文戏，文戏是唱得辛苦，但武戏既要唱，又要打，更辛苦。我演过《金麟记》和《穆桂英》“罪夫”。

何　车：这些都是武戏文做的啦。《金麟记》反而武戏成分多一点。

林玉梨：《金麟记》还是有些武打情节的，还要打翻[1]。那时还年轻，在广州，日场演《穆桂英》，夜场演《金麟记》。

何　车：哇！日夜场连着做啊！

林玉梨：是呀，当时不知道湛江粤西剧团怎么会这样安排。当时好像是一个月要演二十多场的，有几场是我们青年演员来演的。

何　车：那很辛苦呀，你白天要扎“靠”[2]，夜晚又是武场戏。

林玉梨：是呀，力去力翻。不过，没关系的，那时年轻。我挺喜欢演文戏的，特别是苦情戏。所以我先生写给我的戏都是以唱为主的。像《生死奇缘》呀，男女演员都是以唱为主的。

何　车：在艺术上，林团长在茂名有一段辉煌的历程，你认第二，没人敢认第一了。

林玉梨：还是有很多人比我好的。

何　车：除了艺术之外，有一件事，认识你的人都称赞你。就是你在茂名当剧团团长，后来当了政协主席，为茂名剧团解决了宿舍楼问题，为剧团的发展打下了良好的基础这件事。你那时怎么会想到这个方法的，“三三制”啊。

林玉梨：这是我先生的主意。我先生对我帮助很大。我最初去时在宣传队，后来又成立文工团，到省里招了很多跳舞的女孩，组成一个粤剧团、一个歌舞团，我先生当时任副团长，我还没上位[3]。他比较有经验，在湛江时就已经是办公室副主任了。

---

① 舞台术语，指翻跟斗。

② 指被艺术化了的古代将军穿的铠甲，用于戏曲表演。

③ 指上升到较高的职位。

后来，有的人退了，有的人离开了。当时剧团比较穷，没什么钱。一年只有八万块，怎么够花啊？我们当时连住的宿舍都没有。

后来，感谢党和政府让我做了政协委员，再后来当选政协副主席，这样才有机会为粤剧事业发展提出建议，为茂名粤剧发展做贡献。我们下基层调研、视察时，看到基层剧团有什么困难，也会向当地政府反映，提出建议，当地政府要对剧团支持和帮助。

林玉梨丈夫黎树权上装照

说回我们茂名剧团吧，原来连宿舍都没有，那时应该是“文化大革命”后期了，市政府看到剧团没有宿舍就拨了一笔钱，让房产局帮我们建宿舍。这笔钱是专款专用的，宿舍的产权理应属于剧团，但不知什么原因产权变成了房产局的。我们剧团的经费本来就少，演员们还要向房产局交房租。于是，我们就找市长反映情况，我是政协副主席，经常开会都能见到市领导，当时的茂名市长是黄光才。我向他反映：“剧团经费很紧张，每年还要交租，演员生活十分困难。”后来，经过市领导协调，同意将产权交回我们剧团，所以问题就解决了，我们不用交租还拿到了产权，另外还有几十万元经费跟进，我们用来筹建西边的六层楼高的宿舍。事实上建六层楼，几十万元是不够的。我先生就建议大家集资，他的意见是第一、二层用来出租，其余四层用来做宿舍，一共十二套，给领导班子和主要演员住。每人集资八千元。

何　车：现在八万元我也愿意出啊。

林玉梨：每人八千元还是不够的，后来就东借西借。那个工程队真是气人，只是欠他们一些钱，他们就说：“我们就算建好了，也要锁着，不给你们住，直到你们把钱交清。”只是欠几万块而已。那没办法啦，只能找财政局、找市长了，后来就拨了几万块下来。这次轮到我们说话有底气了，我说："你不能按期交楼，就罚款。"

何　车：（大笑）"有钱大晒！"

林玉梨：后来就如期交楼了。我们是入住了，但剧团里还有很多其他演员没有房住，那该怎么办呀？虽然还有一套旧宿舍，但那是预制板搭建的宿舍，一下雨，雨水就从三楼一直淋到地下，里面的棉被也被淋湿了。我先生就说："想办法再贷一笔钱吧。"这时，我的政协副主席身份又发挥作用了，在会上我时不时说说，有个政协副主席（李景云）刚好就认识中行[①]的行长，他就说："我带你去，看能不能贷到款。"第二天，我们就去中行找那个行长，谈了不到三十分钟，那行长就同意贷九十万元给我们。那时真的很开心，所有的问题都解决啦。我们那时是什么礼物都没带去的，还喝了别人的茶水。但他当时也是有个要求的，要给他们四十平方米左右的地块做储蓄所，使用权为四十年，建设费用他们出。那个负责贷款的科长后来对我说："林主席，我们行长从来未批过这么低息的贷款给别人的。你们真厉害。"回家时，一上到三楼，心情很兴奋，不由自主大喊："揾到钱啦！"但是九十万元还是不够，我先生又出主意了：第三层也拿来做商场，我们多建一层，加到七层，然后谁想租我们的铺位，就先下订金，好像是四千元吧，加上这些钱就够钱建了。

为什么要建房呢？第一个原因是原来的宿舍条件差，防水不行；第二个原因是"低潮"，粤剧演出市场不景气，很多人离开剧团，自寻出路了，有的人出去做生意赚了钱，动摇了剧团中其他人的心，当时流行一句话叫"出生入死"，出去剧团的就生，进入的就"死"，那没办法了，要想留住人，只能建宿舍了，安居才能乐业。宿舍建好后，剧团真的活了，周边吴川、高州、化州、信宜那些比较好的演员都跑来我这里了。

① 指中国银行。

何　车：麦远发就是那时来的吧。

林玉梨：是呀，他原来是在化州演文武生的，后来我让他演须生，他也演了。还有廖影梅，吴川的王红卫、温卫东。那时，我们剧团的阵容突然间就强大起来了。先安居后乐业。既然我当了政协主席，就不能辜负这个身份。

何　车：不仅是茂名，"下四府"的人都说你做了一件大好事。现在剧团的人都说，这幢楼是林玉梨当时建起来的。我开玩笑地跟剧团的人说："你们不用干活，都有钱花啦，这么多租金。一百多万元。按基本工资来算，足够了。"毛泽东说："民兵三落实，第一个就是组织落实，首先要有人才行。"我记得我去看你们演戏时，觉得你们的人员很齐全，花旦都有四五个，有文有武，现在的基础就是那时候打下来的。这一点，我由衷佩服林主席，想了这么多方法去办好这件事，既有集资，又有向政府要钱，还有贷款。当然这里有你出面的功劳，也有黎老师的功劳。

林玉梨：是呀，他也很辛苦的，他要跟工程队逐项计算工程费用。

何　车：其实不止茂名剧团受惠，我也受惠。

林玉梨：你受惠？

何　车：是呀，我排戏的时候也在那里住过啊。我想问，在文化事业方面，你做了什么贡献，在政协是做什么的呢？

林玉梨：政协里有个"文化科教卫生组"，每年都会组织一批人下去视察，我有时参加卫生组，有时参加文化组。每次了解回来后就写提案，然后交提案组专门研究，再由政协转到市政府。像高州木偶戏、冼太[①]庙这些，都在提案中提到过。

何　车：冼太庙搞得很成功、很辉煌啊。平时，有没有人向你反映情况？

林玉梨：都是靠自己平时多接触的，有时接触朋友呀，有时去视察看到问题，回来就在组里提出，有时也会自己写几条建议。

① 指岭南历史名人冼英。

何　车：这件工作，既为政府做了事情，也帮了我们文艺界、卫生界做了事情。别的不说，光剧团的宿舍就是莫大贡献。另外，我想问问，你经常下乡有没有遇到“拍台”①，因为这个只有“下四府”才有，我在高州曾经亲历其事，我想你介绍一下“拍台”的情况。

林玉梨：“拍台”呢，就是一边请一个戏班来比名气，比艺术质量，比谁更吸引观众，大家互相竞争。我有些台和别人拍，有些台我不和别人拍，视情况而定。譬如，有一次，我接了一个台，茂南区剧团也接了一个台，两个台离得很近。我觉得“拍台”会伤演员、伤物资，我知道当时有些剧团“拍台”时，会用大喇叭，有多大声放多大声，喇叭放坏了也不惜，有的剧团没钱也要去多买几个喇叭，而演员们无论多辛苦也要拼命演、拼命唱，那就伤了声音，最终还是伤了自己。当时，我就和茂南区文化局协商，结果他们不肯退。当时我心想：“就算赢了你们，也不能证明什么，因为我们是市级剧团，如果演伤了怎么办，我的演员们还要继续演戏的呀。”那我就说要退台，对方说：“你退台就要赔钱。”我说：“没问题，我赔给你。”不过后来对方也没要我们赔。但是有一次，我们到吴川那边演，又是“拍台”，这次两个台之间只隔了一层木板，两个团的演员都可以互相过来聊天的。这么演就没意思了，不过我有一个有利条件，这个团的团长是莫延祥②的儿子莫容生。当年他从艺校毕业曾到我们这里实习，我们一分钱也没收他的。我就跟他说：“容生，我们现在‘拍台’演戏给大家看，我们双方都不要搞小动作，正正经经演戏，该怎么做就怎做。”毕竟，他和我们是有交情的，我们在那里演了几晚，双方都相安无事。有些剧团不是这样的，你演《六国大封相》，我也演，还要演得更长些，比如把包尾马搞到“污糟邋遢”③。

---

① 指同时演戏的戏班舞台靠得很近，有相互竞争之意。

② 莫延祥，顺德粤剧团团长。

③ 广府俗语，原意指非常肮脏、不整洁，这里指演出程式庸俗、不规范。

何　车：试过啦，就是在高州，我第一次见四个台一起拍，相距不过百米。当时，莫容生的团也去了，他叫我上场演胭脂马[①]，说着就开始帮我化妆了。我说："可以，我要两个马僮，两个打跟斗的，双带马。"结果，一对湛江艺校毕业的孖仔来打跟斗，他们打得很不错的。怎知，出去两个大跟斗，头上的饰物就掉下来了，结果下面的观众就笑起来了。后来，我才知道原来"拍台"是这么厉害的，我卸了妆后就逐个台去看。

林玉梨：当然啦，输的一方就面无表情，赢的一方就到处炫耀，所以就激化了村与村之间的矛盾。所以我和容生那次"拍台"，效果很好。最后，双方主会都烧了一串很长的鞭炮，给我们都封了大红包。这对我们双方都好。

何　车：所以说，良性竞争、相互交流学习是好事。如果恶性竞争，就会有观众跑过来跑过去的情况出现。

林玉梨：是呀，我们正正经经演戏，不搞小动作，就不会出现观众一下子跑到这边，一下子跑到那边的情况了。

何　车：怎么说，阿生[②]都算是晚辈。

林玉梨：有的人不跟你论辈分的，他不理睬你的。

何　车："拍台"这种现象是比较独特的，"上六府"已经没有了，"下四府"还保留着，现在都还有。

林玉梨：是呀，现在"下四府"都可以看到。不过，"拍台"处理得好就好，处理不好的话也是比较怄气的。不过，我遇到的几次"拍台"都处理得比较好。

何　车：那当然，国营团的实力强大些。一般的私营班之间斗得就比较激烈了。讲完你和你先生那一辈人，我现在就想谈谈阿声，你为什么会让阿声演戏呢？

林玉梨：他原来是跟着我妈生活的，我妈原来是演戏的，我继父是掌板，可能是耳濡目染的缘故吧。到他六岁时，才跟我回

① 粤剧传统例戏《六国大封相》中的特定表演程式组合。

② 指莫容生。

茂名。小孩子都比较贪玩、有好奇心，我们演样板戏、练功时，他就在旁边看。他读小学时，我们晚上演出，他也会跟着来看，有些人也会逗他玩，就这样边看边玩就玩出兴趣了。再加上，我们吃饭时也会聊戏的。他可能就有兴趣了，就跟他爸说："我想学打翻。"他爸就说："打翻？很辛苦的啊！"他说："我不怕！"他爸就说："那你试试吧。"于是我先生就教他打翻了。他那时也很辛苦，白天要上学，下午放学回家后还要练功。我先生要煮饭没时间教，黄玉星就说："我帮你教啦。"后来，他就没什么心思读书了，当时我们正在演现代戏《万水千山》。

何　车：缺个小孩。

林玉梨：是呀，还缺个小红军，要剃头发，只留个小髻在前额上方。所以就叫了他去打翻，他也是刚学会。他那时还很小，演完又叫他回去读书了。有一次，我们去廉江演出，他受剧团的一班青年鼓动，来廉江找我们。他收拾了几件衣服就跟着他们来了。我说："你不想读书吗？"他说："我想演戏。"

何　车：哦，原来是这样入行的。

林玉梨：那可不行，还这么小，无论如何都要送他回去读书。后来，我演杨开慧的时候，他又跟来了，来就来吧，让他跟团。不过，那时没有工资给他的。

何　车：那就还不是剧团的人。

林玉梨：还不是。自带伙食的呀，爸妈出钱咯。等他再长大一些，就替他拿指标，正式成为剧团的人。后来，他又想打退堂鼓，他说："妈妈，你是花旦，又是团长，又是政协主席，你能赚几个钱？"他是看到外面的人赚钱比较多。不过，那时剧团缺人手不让他走。可能他天生就是吃这碗饭的。那时做《借亲配》，演县官的演员突然有事请假，明天就要演日场了，他师父黄玉星做他的思想工作，要他顶替演出。他上台后，不知道怎么回事开始"扯诙谐"[1]，他悟性很高，不用排戏的，直接上台

① 戏班俗语，意思是开玩笑。

林玉梨（左）与黎骏声（中）同台演出的剧照

就可以演了。他“扯诙谐”令观众大笑。我以为是出问题了，赶紧出去看，原来不是。刚开始时，让他演太多戏，他也感到有压力，其他青年演员也会眼红，所以我们也很注意这方面问题，还不敢放胆让他去演。让别人演A角，他演B角。但是一到第二场，他的风头就盖过A角了。我觉得他也有花了心思去琢磨的。

红线女要调他去广州的事，孔雀屏事先跟我打过招呼，说：“女姐问我“下四府”有什么适合做小生的人选，我推荐了阿声。”后来，女姐打电话给我，问：“黎向阳[①]是不是你剧团的？”我说：“黎向阳是我的儿子。你有什么事呢？”她说：“我是红线女。”我说：“哦，是红老师，找我有什么事呢？”她说：“我想调你的儿子上来。”我说：“调可能就不行了。”当时他和卓佩丽[②]演对手戏的，主管文化的副市长特意嘱咐要管理好他们，不能让他们走，将来做剧团接班人。红线女问：“那怎样才能来呢？”我说：“借咯，借我就有权，因为我是团长。”“那

① 黎骏声的原名。

② 卓佩丽，原茂名粤剧团花旦，后任深圳粤剧团花旦。

好，那就借吧。”她说。那也要过“过堂”[①]的，去到女姐那里，女姐考考他的唱腔、念白、拍子。接着就借走了。

何　车：哈哈，“刘备借荆州——一去冇回头”。

林玉梨：那时我们的市长黄光才也上调到省里了，他和红线女是比较熟的，后来红线女也是通过他才把阿声调过去了。

何　车：原来如此。你不说我还不知道，阿声的“开山师父”，就是教他打跟斗的黄玉星。黄玉星原来会打跟斗的呀。

黎骏声上妆照

林玉梨：是呀，他是打跟斗出身的，在粤西学打跟斗是很辛苦的。他家里经济条件不好，没钱孝敬师父，他当时工资才六块钱，只好买面包孝敬师父。

何　车：还有个问题，你们家三代演戏，你妈妈、你们夫妻俩、阿声，为什么你的孙子不演戏呢？

林玉梨：现在的年轻人不同了，他要爱好才能去演，不爱好、不感兴趣的话只会误了他的青春。现在的年轻人有自己的想法，他不热爱这一行的话，就演不了的。

何　车：为什么你不培养他热爱这一行呢？

林玉梨：很难的，现在那么多歌星，他们有他们的圈子。

何　车：不是吧，他有榜样的呀，“你出去工作，都不及你爸爸出去唱一首曲”。

林玉梨：现在我孙子不喜欢演戏，连看也不感兴趣。

① 原来指诉讼当事人上庭受审，这里是面试的意思。

何　车：现在的孩子多数是这样。以前的人进戏行，一是有兴趣，二是生活所迫。

林玉梨：他们看到爸爸回来一身汗，几件湿透了的汗衫，都让他们头痛了。

何　车：哪有工作不辛苦的呀？

林玉梨：也不是呀，做白领还是挺舒服的吧。

何　车：也不是的，白领压力很大的，职场有很大压力的。

林玉梨：那也是。

何　车：我就奇怪了，按照道理，就算阿声不教他，你也应该教他。

林玉梨：因为接触得少，我是2006年才办理退休的，退休后才有时间到广州生活。

何　车：我见过很多在粤剧有成就的人，他们的孩子都是不演戏的。谈完你的儿子，就轮到你的徒弟了。我就知道一个——林文华①。

林玉梨：我徒弟很少的。

何　车：除了林文华还有几个徒弟？

林玉梨：还有一些已经转行了。

何　车：文华还在演吧。

林玉梨：文华已经退休了，不过她偶尔还会出来演的。

何　车：文华我接触过，她性格像你，但艺术跟不上你。是不是实践比较少的缘故呢？她的条件不错啊，声音、扮相、身段等方面都好呀。

林玉梨：是呀，声音是不错的，可能是实践少些吧。我当时担主角，她只能做第二花旦，要么做妹仔戏，要么做“包大头”②。

何　车：是呀，她的“大头戏”多些。

林玉梨：但是培养她做戏，也要有让她担纲演的戏才行，像

---

① 林文华，茂名粤剧团花旦。林玉梨的徒弟。

② 指饰演女角演员的梳水头扮相。

《磨房产子》《风雨泣萍姬》。

何　车：你所教的徒弟中，就只有她还在演戏吧。那你现在还打不打算再收徒弟呀？

林玉梨：不了，年纪大了。

何　车：现在才是教人的时候，积累了几十年的经验。

林玉梨：不了，力不从心了。

何　车：你现在还有大把精力呀。

林玉梨：要教的话就刚刚退下来的时候。现在很难教了，离开了这么久，要阵地没阵地，你招人回来很难教的。现在偶尔看戏，觉得演员哪方面做得不足，就给他们提点意见。正式收徒弟就不要了，责任很大。

何　车：那倒是真的。

林玉梨：我刚退下来的时候，有人叫我组一个班。我先生就说："你在位的时候，可以拿到排练场地，那是可以的，你现在没单位了，责任很大的。你招了人员回来，现在很多都是独生子女，有病有痛你都要负责。而且一旦开始筹办了，你想去哪里都不方便，想来广州探望阿声不行，想回江门也不行。"我现在就自由啦，有时去别的地方玩玩，看到别人演戏有不足也可以提提意见。

何　车：你现在的生活很惬意呀。我觉得你现在的生活态度、心境都比较好，和我二十年前见你的时候差不多。

林玉梨：老了很多啦。

何　车：不会呀，你还可以化妆出去表演。

林玉梨：不行啦，不够气了，上气不接下气了。

何　车：我很欣赏你的生活态度。辛苦了一辈子，儿子现在名成利就，是时候享受一下生活了。我和陈路诗、娟姐[1]都谈过，她们两个都有一个心思。

林玉梨：还想教人？

① 指广州粤剧团演员、导演小木兰，原名冯小娟，故称"娟姐"。

何　车：对呀。她们希望能开班，将自己的东西教给后辈。

林玉梨：其实教个别也不成问题，问题是现在很少有年轻人想学呀。

何　车：有你这句话就行了。我想学啊！（大笑）

林玉梨：哈哈，我现在倒想向你请教呢。

何　车：我跟诗姐和娟姐都说："我帮你们找学生。"学生整天缠着你也是不行的，陈路诗就教《金莲戏叔》，教别人"搓烧饼"①，唱西皮②。娟姐就教"拾玉镯""罗伞架"③。不知道你注意没有，现在的青年演员做《六国大封相》，连"推车"都不会。

林玉梨：是呀，"罗伞架"也走样了。

何　车：完全不是一个样子了。连"推车"都不会了。什么是规范，什么是阴阳手④，完全不懂的。

林玉梨：现在的青年不懂，就只知道叉起两只手。

何　车：像吉普车那样咯，直接飙出去了，还能指望"炒米步"⑤吗？

林玉梨：是呀，"炒米步"。

何　车：可能你现在还没到那个时候，你还要有个消化过程。到了那个时候，就找一两个合适的人选来教教吧。

林玉梨：合心意的也是可以教教的。

何　车：做这一行这么久，总要有些东西留下来吧，别只是留给自己的儿子，也要教教别人才行。今天和梨姐聊天很开心。一、我很欣赏梨姐的心态、生活态度；二、我在梨姐身上学了很多东西。谢谢你，梨姐！

---

① 指粤剧传统剧目《金莲戏叔》中表现潘金莲搓烧饼的表演动作。

② 粤剧唱腔曲牌。

③ 传统例戏《六国大封相》利用罗伞这种道具进行表演的特定程式组合。

④ 粤剧"推车"表演的动作要领；执车旗时手背向上，手心向下为"阴"，反之则为"阳"；推车向前行要用阴手，把车拉回来就要用阳手。

⑤ 戏班术语，丑角步法的一种。

林玉梨（前排右）、何车（前排左）与《访谈录》编务组工作人员合照

访谈感悟

初时知道梨姐是来自茂名剧团的，心里觉得十分亲切，因为我也是茂名人。在整理梨姐的口述记录时，梨姐的一词一句更让我觉得梨姐十分亲切，没脾气、没架子，十分平易近人。我非戏行中人，对梨姐的艺术成就无法评价，不过从认识她的茂名观众都亲切地叫她一声“庆嫂”，就可以看出观众对她的热爱程度。作为剧团的领导，梨姐为茂名粤剧团的发展打好了坚实的基础，单就筹措资金解决剧团职工住房问题，让剧团演员可以安居乐业这一件事都已经功德无量了；梨姐在担任茂名市政协副主席期间，对茂名文艺界也是建树良多，她经常呼吁当地政府支持基层剧团发展，也为茂名地区的文化事业建言献策，比如修建冼太庙、扶持高州木偶戏等。退休后的梨姐，过着闲云野鹤、优哉游哉的生活，这种闲适的心境，在现今浮躁的社会中犹如一缕清风，十分难得。

冯　劲

访问日期：2015年3月27日
访问地点：广州粤剧大院
受 访 者：陈永康
笔录及整理：区子珩

『自有云雷绕藤生』

——陈永康访谈录

陈永康，广东顺德人，1964年毕业于广州市专科学校舞台美术专业。先后于广州粤剧团、羊城话剧团、广州京剧团、广州话剧团从事舞台设计工作。1982年开始任广州画院专业画家。1989年应邀赴北京为天安门城楼绘制巨幅国画《凤凰花开红似火》，同年作品入选“国际文化书画交流展览”，在日本东京京都美术馆展出并获头奖。现任中国美协会员、广东省美协理事、广州中国画学会会长。作品多次参加全国、广东省、广州市大型美术展览，并在广州、上海、南京等地举办多次个人画展。

何　车：陈老师，你好。

陈永康：你好。

何　车：我们认识几十年了，你是我同学。

陈永康：有半个世纪了。

何　车：今天请你来接受我们采访就是老朋友相聚，记得我们是1961年相识于粤剧团训练班的，很希望你与后辈分享、介绍你从艺的经历，包括你当舞美设计的经历和你的绘画经历。

陈永康：我从艺已经有半个世纪，我是从1961年正式踏入艺术的殿堂，记得那时我们一起入沙村[①]。

何　车：我们都是沙村同学会的，哈哈！

陈永康：不过大家的行当不同，你是演员，我是舞美设计。

那段时光也挺快活的，因为大家还是小孩，刚刚初中毕业踏入社会。我算是初次接触粤剧，我是学习化妆设计的，还有另一个学员是钟康祺。刚开始都是学习画一些服装的图案。

何　车：你不是先学习画“大画”[②]的？

陈永康：不是的，后来我跟舞台工厂厂长南佗的时候才画“大画”。化妆设计就是画面谱，当时经常借鉴京剧的面谱样式，和我们一起学习的还有后来搞服装设计的许妙仪、李冠华。当时还没有舞美这个概念。

何　车：还没有舞美设计这个专业。

陈永康：后来大家毕业了就分配到东风或春风剧团。刚好那时春风剧团演《绣襦记》，因为我是搞化妆的，所以多在后台，经常看别人“贴片子”[③]，还要准备一些面盆给演员卸装。有空余时间就跟管服装的师傅聊天，那时我和钟康祺在一起。

随后我们被调到卢启光的东风剧团，他们演《宝莲灯》《劈

① 指1961年市文化局在增城沙村举办的艺术训练班。

② 指舞台布景，其规格标准按照舞台实际要求绘制，故此画在舞台中所占面积最大，称为“大画”。

③ 指旦角演员化妆时把片子系在前额上。

陈永康（左）与钟康祺（右）合照

山救母》等剧目。因为我从小就喜欢画画，工作一段时间后得知剧团要人画布景，所以我就跟南佗老师说我想学习画景。南老师看过我平时画的画，很爽快地说："好啊，你喜欢就来吧。"

当时搞舞美设计的我算后辈了，很多人都是我的师兄，如潘璠。我被分派到跟陈苏学习，有戏演时就要画景了，那时候得到许多老师的指点，除了我的老师陈苏，还有南佗老师、冯焯峰老师。每个戏的景都是我们师兄弟一起画的，通过实践我明白如何画布景，懂得一些西洋画的画法。记得我初中时喜欢画国画，因为画布景所以知道了西洋画的色彩特点、透视虚实关系等，这些为我以后绘画技艺的不断进步提供了很大的帮助。"大画"一般十三四米长，六七米宽，要会控制画面结构，这对我后来画大幅的国画很有启迪作用，使自己画画的手能够放得开了，不再局限在小小的宣纸上。我学画舞台布景足足有四年。

何　车：那差不多到"文化大革命"了。

陈永康：是的，中南汇演时，我被调到羊城话剧团帮忙，谁知帮着帮着就留下来了。碰巧"文化大革命"到来，我就去了干校，你们都要去的。

何　车：你也去了吗？

陈永康：当然了，我们在山上与杂技团、木偶团一排[①]的。当时还算好，除了劳动就是帮农村搞“三忠于”[②]，就是画毛主席像、写标语之类的。

何　车：整天在墙上画的，哈哈！

陈永康：这都算是一种锻炼。后来羊城话剧团解散了，因为它没有在文化部备案，所以成了“黑团”，演员各散东西。

何　车：应该是20世纪70年代那批人，像秦可凡[③]等。

陈永康：秦可凡应该去了省话剧团。

何　车：他应该是先去了“卖嘢”。就在平安戏院隔离的“花木兰”卖嘢。

陈永康：龚锦棠[④]都去了“执药”啦，哈哈。我被借调到京剧团，那时他们已经演样板戏了，他们是最早从干校出来演样板戏的。我跟随京剧团出来集中住在沙河顶。

何　车：你先后到过粤剧团、话剧团、京剧团。

陈永康：在粤剧团工作了四年，在话剧团也有七八年。

何　车：对啊，因为那段时间刚好“文革”。

陈永康：后来话剧团重新成立，叫“广州话剧团”，不同于以前“羊城话剧团”，我又回到话剧团了。在京剧团应该工作了五年，都是演样板戏时期。新话剧团排演了不少戏，我就负责粤语队的舞台设计，五年后，1982年底广州画院成立了，那时文化局是阮焕当局长，他是以前羊城话剧团的书记，比较了解我，知道我的绘画能力比较强，就根据我个人的意愿调我到画院，开展筹建工作。

何　车：那你算是筹建画院的老臣子？

---

① 按照军队建制组建的演出队因这两个团人数较少，所以编为“排”。

② “文化大革命”的政治术语，即“忠于毛主席、忠于毛泽东思想、忠于毛主席的无产阶级革命路线”。

③ 秦可凡，原广东省话剧团演员，后加入香港话剧团。

④ 龚锦棠，广州话剧团演员。

陈永康与粤剧团同事合影（前排左起蔡孝本、张秀华、薛杏媚；后排右起陈永康、老松、王淑仪、潘瑞华）

陈永康：是啊，我很早就过去了，工资单上第一个名字就是我。在画院不知不觉就三十多年了。

何　车：你在画院退休？

陈永康：是的，在画院期间专职画中国画，不搞西洋画了，如果做舞美设计就要画西洋画。我感觉在剧团的时间与在画院的差不多，搞了二十多年舞美设计，而在画院则工作了三十年。

何　车：整个历程就是这样了，我觉得有一件事情很奇怪，由于我观察比较细心。粤剧团的人如果唱革命歌曲或者时代歌曲一定带有一些粤剧腔，我听过不少，如果你细听则完全能够发现这种痕迹。那你是搞舞美设计出身的，毕竟舞美设计不等于专职画家，是两门不同的艺术，你到了画院后有否把这些痕迹带过去呢？你在构图、作画时有没有觉得自己正在画吊起来的布景？是否影响你的创作思路？

陈永康：画种不同，一般不会有太大影响，但是我在画西洋画时学会什么是虚实、什么是透视，这些国画都不注重。由于在做舞美设计工作时打下了基础，所以我在画国画时更好把握。另外在画院，有几个人原来都是搞舞美设计的，陈晃之、雷坦、赖贞云等，有些人是从部队调过来的，陈晃之就是省粤剧院的。他们就一直搞油画。

何　车：现在欣赏你的规模大的作品，如挂在人民大会堂那幅，我觉得你经常画那些需要站着画的布景，这肯定对你画大画有不少帮助。因为在案头画和吊起来画差太远了。

陈永康：的确有帮助。画大画是吊起来画的，能够全面地看构图，如果画平放在案头，看上去就需要透视。平放画大画，手也没法伸远。

何　车：从比较立体的舞美设计构图转到平面，我觉得很有帮助。

陈永康：起码宏观构图上能够掌握得更好。

何　车：你自称“野生动物”，其实我们都是“野生动物”。所谓“野生动物”，就是那些没有经过专业院校系统培训的人。这些人实践机会较多，理论相对缺失，但我在你身上有一种强烈的感受，“野生动物”其实是“珍稀动物”，今天你有这样的成就，作为朋友或者同学我都十分高兴，你为“野生动物”正名了。演戏、写曲都需要大量实践，也有天生的演员，画画是不行的，特别是中国画，要对中国传统文化的内涵有深刻的认知和了解，才能画出好画。

所以我觉得你必定有一个艰辛的自学过程，希望你能与大家分享你学习的过程。“野生动物”能自立门户，收这么多学生并不简单。

陈永康：“野生动物”这个词其实是廖冰兄[1]说的，他是个漫画家，人也很风趣，曾在木偶剧团担任舞美设计，我们很熟了，大家互相帮助、互相支持。我的确是自学为主，也是通过实践来提高的，那时在舞台工厂每天都画布景。国画是跟老师在家

① 廖冰兄（1915—2006），著名漫画家。

中学习的，没有经过美术学院培训。最初我跟陈子毅学习，后来跟周志毅，他们都属于岭南画派。由于我自小喜爱画中国画，特别是花鸟画，所以养雀种花也成了一种爱好，我渴望画画，画画对我来说是一种乐趣，没有这种乐趣，人生就像没有寄托一样。画笔几十年来一直没有放下，就算在舞台工厂时期，午饭后都会进行临摹，连觉都不睡。经过十几年磨炼和自己的勤奋，加上老师的指点，自己在国画上才取得今天的成就。这条路的确非常艰辛，我在理论学习上是十分欠缺的，这需要自己平时多看书补救，多看老前辈的画论。年轻时，大概三十多岁时就已经有不少学生跟我学画画，应该是“文革”前，学生都是小孩子。

何　车：你厉害啊。三十多岁就有能力收徒。

陈永康：都是一些喜欢画画的孩子，他们每星期都到我家学习。教画画的时候，我把自己在实践中获得的经验总结起来，然后告诉他们。

何　车：这是教学相长。

陈永康：他们接受后也觉得是一种窍门和技巧，教学工作我一直坚持到现在。我曾经在老干部大学教了二十二年画画，因为画院不用每天坐班，靠自我创作。因此每星期我都有一两次到老干部大学上课，所以有不少老干部学生。

何　车：包括钟康祺、薛杏媚[①]吗？

陈永康：薛杏媚不是老干部大学的，是我在画室私下教的。退休后我就没有到老干部大学教了，因为路程太远，自己年纪也大了。但有不少人还是要求我在家或者画室教他们，我也不好意思拒绝，说：“你们喜欢就来吧，一个月一次，多就不好了。”

何　车：一个月一次，哈哈，就算是十个八个你也有得忙了。

陈永康：当然是一起上课了，分开上就惨了。每次都花半天到一天时间。现在还是这样。下个月筹办师生展览。

何　车：哦，下个月有师生展。

---

① 薛杏媚，广州粤剧团演员。

陈永康：大型的师生展是两三年筹办一次，这次是一位新学生搞的。这是值得高兴的事情，大家亦师亦友，有的学生年纪比我大，也有的比我小。大家相互切磋也挺愉快的。

何　车：我又想问一个比较奇怪的问题，你是靠自学成才的，在评职称时有没有遇到困难呢？因为经常需要提供什么奖状、证书等，还需要考英语，你要吗？

陈永康：要啊，我考了外语和计算机，之前我完全没有学过。我就报了日语，起码日语中有些中文看得懂。

何　车：哈哈哈！

陈永康：串起来还能弄明白一些意思，英语我真没有学过，那时中学没有英语学的。

何　车：俄文应该有。

陈永康：都停了，因为那时我们和苏联有分歧。幸好我们这些过了五十岁的，一律老人老办法，重在参与就可以了。

何　车：即是不计成绩？

陈永康：是的，但是需要学够几个课时。

何　车：最重要是交学费。

陈永康：是的，考试多少分也不重要。

何　车：我记得一个笑话，我们粤剧团有个人，年纪比我小，需要考英文，他说："我都不会英语二十八个字母。"我就说："英语有二十八个字母吗？"哈哈！结果考试怎么办呢？他说有办法，因为都是选择题，他全部选A，那多少还是能做对一半的。所以我觉得评职称是一件很惨的事情。让画画的、演戏的、唱曲的、玩音乐的去学习英语真没有多大意义。

陈永康：程序一定要走的，但是年纪大的就网开一面。

何　车：如果广州画院要评职称，第一个肯定是你的，哈哈因为你是"元始天尊"[1]。

① 元始天尊为"主宰天界之祖"，在太元（即宇宙）诞生之前便已存在，所以尊为元始。这里指陈永康在广州画院正式建立前便加入了。

陈永康：在美术界还有老一辈的艺术家。我申请了两次，第二次才成功，因为第二次才有名额的。

何　车：你真有韧性，申请两次，算是锲而不舍。我就没有那么好耐性了，一次不行我连职称都不报了，还是你的性格好。

据我所知，你除了桃李满天下外，你的家人都是画画的，包括你的妻子和儿子，你儿媳妇画画吗？

陈永康：画的。

何　车：是否受到你的影响或者是你教的？

陈永康：是有影响的，我和我太太都是画画的，她在美术学院附属中学工作。大家因为画画所以有共同语言，后来在一起了。大儿子就没有画画，小儿子由于自小看我画画，或许有些基因，所以就学画了。另外也要他喜欢才行，他小学就喜欢画画，开始画一些机器人，方方块块的。后来我看他画得不错，就让他到少年宫系统学习，少年宫培养小孩子的确有一套好方法。很多小孩子培养成才后考美术附中、美院，升学率很高。我住在画院宿舍，同事之间也有影响，有时候会提点他，他进步很快。后来考上了美术职中，他太太是他的同班同学，还是同桌，大家一起画画、一起考大学、一起出来工作。

何　车：你的孙子画画吗？

陈永康：最初喜欢，现在又不画了，喜欢玩电脑。

何　车：现在电脑都能够画画。我之所以问这个问题，因为现在很多人都是干哪行厌哪行。好像粤剧团，很多成名的大老倌，只有蒋文端一个鼓励自己的女儿演戏。粤剧团文武生、正印花旦，包括音乐人都不想后代做这行，没有传承。自己的子女都不传承，其他人更无从说起。

你们一家人画画，风格是否一样？

陈永康：风格不同，我画中国画，我太太画西洋画，因为她以前在电影院画电影海报。小儿子跟我画中国画、花鸟画，我不教他，只是提点他。他在华南师范大学美术系毕业后考取美术学院研究生，跟随方楚雄老师。现在画得不错，社会上对他的评价比较好。作品主要是写意式的花鸟画，他追寻宋代的画风，比较细腻清秀，目前在暨南大学当美术老师。他太太搞漆画，也是研究生毕业，但是行当不同。当然，美术上很多东西都是共通的。

何　车：你们之间有没有因艺术而产生过争论呢？

陈永康：那倒没有，因为不同行当。

何　车：因为在剧团中也经常因观念和看法不同而产生争论。我又记起你另一个名字，叫“雀仔康”，当然不是我起的。因为你画雀仔比较多。最初我接触你时，你是画牡丹的，现在我发现别人喜欢你画的荔枝。刚才你说了，你擅长画花鸟，从更大的层面看就属于岭南画派，你有没有画山水和人物？

陈永康：人物没有，因为要求比较严格。

何　车：你儿子画的是宋画，很多人物画的。

陈永康：人物与花鸟画都有。我有画山水，但是画花的时间太长，花鸟画更快完成。那不如把时间用于画花鸟。山水画我有几幅，但不经常画。

何　车：山水画要求外出写生比较多吧。

陈永康：对啊，另外制作时间太长。当然花鸟画也需要写生。

何　车：你各个时期是否有所侧重呢？刚才提到的一段时间是“雀仔康”，一段时间是“牡丹康”。马健忠[①]特意学你的“牡丹”，他有一幅画在我那里。

陈永康：年轻时想画牡丹，因为它被很多人喜欢。

何　车：“花开富贵”。

陈永康：有时画一类东西太多，又想转画其他。我画花鸟次数太多会觉得烦闷，这时候就会画山水。有“雀仔康”这个外号主要是因为我画鸟比较多，也曾经养雀，不熟悉我的人还以为我是卖雀的。

何　车：哈哈！熟悉你的人一定知道“雀仔康”是画雀的。某些“洋古”就以为你是卖禾花雀的。

① 马健忠，广州画家，荔湾区美协副主席。陈永康的学生。

陈永康：以为是花鸟虫鱼市场的人。

何　车：我又想知道二十年前，是什么机缘促使你到北京画画？那幅画是去到那边画的还是画好再带过去的？

陈永康：去到才画的，是竖起来画的。1988年我刚好从美国回来，1989年天安门广场需要重新整饰，画要全部换掉。我不知道是谁介绍的，北京市国务院属下的天安门管理处发邀请函给我，我也很奇怪，为什么叫我去呢？我也不认识北京那边的人。

何　车：邀请函上有要求画什么吗？

陈永康：邀请函要求画一张大画，但是题材不定，自己创作。当时买飞机票很难，需要市政府审批，当时限制外来人进入北京。我只好拿着邀请函到文化局，经文化局盖章后才递交市政府。去到北京就集中在怀柔，就在那里创作那幅画，并且在那里住宿。

我考虑一张大画挂在天安门这么瞩目的地方，而自己代表广东省，所以想以广东的花鸟为题材，体现地方特色。如果只画牡丹那些就太普通了，每个省的人都会画。画面要表现热烈的气氛，色彩要鲜艳，我就选了广东的凤凰花，开花的时候整棵树都变红。最后决定画《凤凰花开红似火》，广东的花北方人看到就觉得很新鲜了。当时很多人都画，但最后被选中在天安门挂的只有十六幅，因为只有十六个屏风。

何　车：广东好像只有你去北京了？

陈永康：我去了，关山月没有去，他在广州画好再提交上去。后来我们的两幅画都挂上了天安门。落选的就有十多幅，可能是因为题材和画法不够好。

何　车：题材自己选择，你那时画好了有收到稿费吗？

陈永康：没有的，只有一个证书，上面有一个国徽。

何　车：最近书法家协会主席、市文联的陈秋明[①]（人民大会堂挂了一幅他的书法）在《文史纵横》中陈述了整个过程，原

① 陈秋明，广州书法家，书法家协会副主席。

陈永康的绘画作品《凤凰花开红似火》

来入选也要经过很多层手续。他的题材也是自己构思的，经过多层审批才提交上去。

很多人见到你的画挂在天安门上，但是来龙去脉却不清楚，所以我向你问个明白，如果你不说，我真的不知道。当时为什么找广州的画家，可能你都不清楚原因。

陈永康：是啊，我都不知道。

何　车：应该说这是广州人的一份光荣，是对岭南画派、岭南文化的一种认可，我觉得很自豪。

陈永康：之后过了十年，那是新中国成立五十周年，又叫我再画一幅，也是放在天安门上。

何　车：把原来的画换下来，这次你又画了什么呢？

陈永康：这次画了荔枝，因为是岭南佳果。整幅画画了十多天。画荔枝需要的时间比较长，单是荔枝壳都要点很久。

何　车：但是平时见你很快就画好了。

陈永康：那些是小幅的画，大画的尺寸有3米×4米，不同画法。

何　车：的确，如果你没有养足精神都画不好。

陈永康：当时食住都在那里，一心一意就是画好这幅画。

何　车：我曾经在博览会上看过画家即席挥毫作画，有些外国人觉得画家很容易赚钱，一会儿能画出来的画，真有这么值钱吗？

陈永康：千万不要让外国人看到我们挥毫，因为有时真的很快，外国的油画与我们不同，毕竟东西方文化是有差异的。油画的天与地，包括水都是填满颜色的，国画则会有很多地方用空白来表现。他们就会觉得我们还未画好，就像草稿一样，而且也不裱好，随随便便就出售。水墨画的色彩就是黑和灰，他们不知道中国画墨分五色的，所以不会分辨。

何　车：书与画是密不可分的，你有没有试过临帖？

陈永康：年轻时试过。

何　车：因为画画很多时候需要在上面题字的。

陈永康：我的主要精力都放在画画上面，文徵明的字我也试过临帖。

何　车：平时生活听闻你烟不多食，酒也会饮，茶也懂一些，你除了画画，还有什么其他爱好？

陈永康：种花、养雀，都是一些悠闲事。

何　车：都与你画画有关的，现在还有写书吗？

陈永康：写书就很少了，因为搞文字的东西很痛苦。

何　车：哈哈！不如“大泼墨”那样简单。我就宁愿逐个字琢磨。

陈永康：那是你的专长。

何　车：每个人的喜好终究不同。我之所以问你有没有出书，是因为我希望你能够用精练的语言概括出陈永康的绘画艺术风格。

陈永康：我倒没有考虑这方面问题，教人画画的书我曾经出过，指导每一笔应该怎样画。

何　车：那些是实践类的书，你的整体风格是什么呢？接触你的画和人后我有很深的体会，写戏与画画都需要考验肚里有没有东西，我不相信文盲能够画出有意味的画。所以你能够用几句话阐释你的绘画风格吗？比方说某些演员说我演戏的特点就是擅于“食锣鼓”[1]，有些却像罗家宝一样擅长唱曲，还是采用一种贴近民众的唱法。表演风格就存在不同，有些较细腻，有些则比较豪放，有些侧重武打，武打还分跟斗和把子，每个人都有自己的长处，都有最能突出表现自己的东西，别人一看就知道这是谁了。

陈永康：我的绘画风格属于写意，多以花鸟画为主，顾名思义，我的画很多是写出来的，而不是画出来的，画与写是不同的。

何　车：画就像工笔画那样吗？

陈永康：工笔画要描线、填色，写意则注重“写”字，随心所欲地写出来。

何　车：你说倒容易，哪有随心所欲能画出来，必定有些固定的方法，哈哈！

陈永康：这就是几十年来积累的经验和画画的手法了，就像玩杂技一样，台上表演几分钟，台下练了几十年功。我拿画笔也有几十年了。

何　车：你是笔随心生。

陈永康：人家最喜欢看我挥毫，下笔的变化快，他们看了觉得很爽，评价我挥毫快、准、好。很多人找我合作画画，我经常负责最后修改、调整，这就是我自己的特点，有别于其他画画的人。

何　车：这可能与你早年的舞台创作经验有关。你就像卢启光拿把了那样，出神入化，哈哈！

陈永康：都有关系的。

何　车：你的总结很好，今天我才知道你不是“画”，而是“写”。你必须有比较深的底蕴才能写出来。现在粤剧台上都是依照谱唱出来的，就像你刚才说的，这是画出来的；如果自己有积累，要塑造什么人物，自然能够流露出那种感情，不需要别人为你预先安排好，不需要别人为你预先画好一个框架。

陈永康：这算是“依样画葫芦”。

何　车：这是你自己总结的体会，也给了我们启发。

---

① 指演员踏准乐队的锣鼓节奏进行表演。

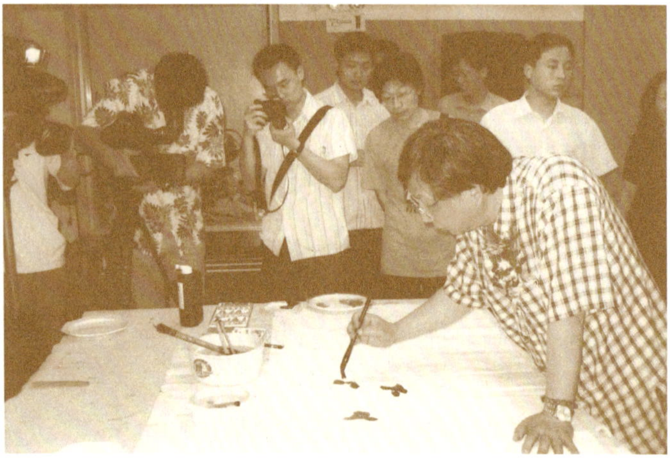

陈永康（右）即席挥毫

你一生作画无数，你最喜欢的有哪几幅呢？演戏和写戏就是指代表作。如果讨巧地说，你一定会说："最好当然是下一幅。"

陈永康：我的画每个时期都有各自的特色，我刚到画院的时候，画院办首届展览，大家都很重视这个画展，因为是第一炮，希望能够打响。搞得好就是市画院，搞不好就是"屎画院"[①]，大家都意识到这个问题，集中了一年半画画，我画了六张画，那些不是写意画，属于写生创作，代表作是《蝶恋花》，黄色的油菜花加上一些白色的蝴蝶，用田园风光表现改革开放后欣欣向荣的景象，那张画有六尺[②]长。还有一张画叫《强者》，也是写实画，以前我到画院上班，一定经过五层楼下面的旧城墙，在城墙的缝隙中长了一些野草，于是我就画这些野草。它们是"强者"，没有泥土、没有水分，单靠阳光和雨露顽强成长。我细致地描画它的局部，寓意我们生活中某些残疾人、生活陷入困境的

① "屎"在粤语中可作形容词，指水平低下，不入流。因"市"与"屎"两字谐音，"屎画院"就是指这间画院的水平低下。

② 尺，长度单位，1市尺等于1/3米。

人能够在困境中顽强生活，属于一种比喻。我觉得这张画也是代表作，当时《美术杂志》也刊登了。当时陈市长[1]指示市政府收购我们画院的一批画，现在收藏在艺博院。现在我已经画不出这样的画了，以前年轻有精力。

何　车：你不经意的几句话反而回答了我刚才问的问题，你会把自己心中对社会的感触寄托在画中，你的画传递了一种思想，我觉得这是十分珍贵的，并不是每幅画都能够做到的。同样是画牡丹、雀仔，有寄意与没有寄意感觉完全不一样。

陈永康：寄情于画。

何　车：为什么说再也画不出来，你现在应该更老辣了。

陈永康：主要是那种激情已经不再了，再重复就没有这种激情了。

何　车：是那个时候才能产生的感情。最近你在艺博会有一个画展，叫“蝶变”，你为什么取这个名字呢？

陈永康：因为那里的作品全部脱离了我平时画国画的风格，从材料和颜色方面都全部推翻我以前的画法，也有抽象的画。

何　车：是比较多抽象。

陈永康：我运用了水彩和油画的技法，油画是用丙烯画的。题材与表现手法都与以前不同，因此叫“蝶变”，很多人看画以后都猜不到是我画的。

何　车：是啊。我虽然是门外汉，但是比较喜欢涉猎，也喜欢欣赏画作，尽管不懂欣赏，我觉得你、陈永锵，你们几个“陈永”[2]画画风格迥异，虽然大家画的都是水墨画，都是国画。

陈永康：当然啦，不可能一样的。

何　车：今年我们都是70后[3]了，70后你才“蝶变”，画风大变我觉得也是一种艺术追求，这种追求应该是无止境的。这次

① 指时任广州市长的陈建华。

② 广州画院中几个画家的名字前两字都是“陈永”，故有此说。

③ 这里是戏言，指年过七十岁的人。

除了画风不同，我感觉你很注重画的标题。以前我看你的画，很少用标题，就像《君子相依》这类标题。

陈永康：因为这些是抽象画，题目必须要贴切一些，如果没有题目，别人看不懂就不知道是什么了。

何　车：像这幅《网络》，以前你绝对不会画这样的画。这些画虽然抽象，但是所起的名字却很"老实"，大多是蕴含了传统文化的名字。你的画是超前的，已经脱离了中国画的传统技法和构图方式，这种差异是怎样形成的？这是很多人都好奇的问题。我还没有时间去参观你的画展，过两天同几个人一起去欣赏，观赏过后可能要请教你了。其实我觉得艺术思考是比较高层次的，比如戏曲艺术从来就是一种民间文化，就是以歌舞演绎故事，它没有悬疑、悬念，有别于影视，戏曲看头就知道结尾。另外，它不会引导观众做深层次的思考，多数是观感上的愉悦，"唱、做、念、打"都是一种形式美。但是对于画，能够进入这种境界不简单，你七十岁后才想到这样？

陈永康：只能说对艺术不满足，因为我画西洋画的时间也不短，难道就此丢掉？因此就再拿起笔尝试。

陈永康（前排右）、何车（前排左）与《访谈录》编务组工作人员合照

何　车：即是在艺术的道路上还需要不断探索。

陈永康：就像老先生所说的“白发学童”，活到老，学到老，这算是我自己的探索和尝试。

何　车：今日向你请教很有收益，你的创新求变是面向未来的，我就刚好相反，专门研究古老的东西。

陈永康：你是挖掘传统，这是功德无量的事情。

何　车：今天很感谢你，陈老师！

陈永康：你花十年时间做出很多成绩。

何　车：多多指正。

访谈感悟

陈永康老师把自己的兴趣和职业结合在一起，我觉得这是人生中最幸福的事情，十分难得。曾有人说：“如果一个人能够专注地干好一件事，那么他必然能够在这方面达到一定的高度，取得可喜的成就。”

陈老师自小喜爱画画，不论工作环境与社会形势怎样变化，他由始至终沉醉在绘画的世界中，几十年来不改初心，在艺术道路上坚定不移地向前走，终成大器。

陈老师画艺精湛，在他笔下无数栩栩如生的“花鸟”跃然于纸面，用他的话说，“我的画重在写意”，这不仅仅是艺术风格的体现，同时也蕴含了他对绘画艺术的一份情怀。

多年工作积累和沉淀使陈老师对绘画艺术有着自己独特的见解，“艺术是永不止步的”。现在我们可以看到陈老师笔下描绘了很多有别于他固有风格、抽象的作品，他正在积极尝试和探索，努力寻求突破，这不是一件容易的事情，需要鼓起莫大的勇气，在这里祝愿陈老师的艺术生命常青，再创高峰。

区子珩

后记

《粤艺访谈录》能够编撰成书，呈现于广大读者眼前，有赖于每一位接受采访的老前辈和老艺术家的理解、支持和配合。他们敞开心扉，情真意切地与我们分享一段段难忘的经历和往事。借此，让我们怀着崇高的敬意对他们致以最衷心的感谢！

本书以访谈形式收录了受访者的口述内容，同时配上富有历史印记的插图，翔实丰富，让我们能从多角度了解粤剧界过去的生存状况和发展脉络，对振兴和发展当今粤剧事业有一定的参考和启迪作用，同时有助于保护、传承粤剧传统文化艺术。

本次编辑出版工作得到广州市文化广电新闻出版局、广州市振兴粤剧基金会的关心指导和大力支持，一批经验丰富的老艺术家、专家学者携手广州粤艺发展中心的文化工作者怀着对粤剧深厚感情，在拍录、整理、撰写的过程中，不辞劳苦，使丛书编辑出版工作得以顺利推进。同时《粤剧大辞典》为编辑校对提供了有力专业的依据，在此一并表达最诚挚的谢意！